추사로 가는 길

추사로 가는 길

ⓒ 김영택, 2023

초판 1쇄 발행 2023년 3월 13일

지은이   김영택
펴낸이   이기봉
편집   좋은땅 편집팀
펴낸곳   도서출판 좋은땅
주소   서울특별시 마포구 양화로12길 26 지월드빌딩 (서교동 395-7)
전화   02)374-8616~7
팩스   02)374-8614
이메일   gworldbook@naver.com
홈페이지   www.g-world.co.kr

ISBN   979-11-388-1704-2 (03910)

서울 종로구 통의동 백송터에서 제주 대정에 있는 김정희 적거지까지

추사로 가는 길

김영택 지음

좋은땅

삼십여 년 전 나는 중등학교에서 역사를 가르치는 선생이었다. 조선 후기 역사 문화 영역에서 밑줄 치라며 강조했던 내용 중의 하나가 김정희의 '금석학'과 '추사체'다. 금석학은 김정희가 연구한 학문이고, 추사체는 김정희가 쓴 글씨라고 강조했지만 더 이상 나아갈 수 없었다. 그가 성취한 금석학과 추사체의 진면목을 몰랐기 때문이다.

그로부터 한 세대가 지나 정년퇴직을 한 후 나는 서예를 배우기 시작했다. 한 획을 긋는 연습부터 시작한 서예 공부는 한석봉과 김정희를 향한 관심으로 확장되었다. 어느 날 천안 각원사 영산전 책꽂이에서 우연히 발견한 한승원의 『추사』를 읽기 시작했다. 앞부분의 이야기는 김정희의 어린 시절 이야기로 시작되는데 화암사란 절이 등장했다. 화암사라니, 완주 화암사를 말하는 걸까. 궁금해서 찾아보니 예산 추사고택 부근에 있는 절이고 추사 가문의 안녕을 기원하는 원찰이었다. 적지 않는 충격을 받았다. 추사 고택을 많이 가 보았지만, 화암사란 절이 있는 줄은 몰랐다. 화암사가 김정희와 관계 깊은 절이라는 것도 소설 『추사』를 읽으며 처음 알았다.

서예 글씨를 배우는 인연이 한승원의 『추사』를 읽게 되고 유홍준의 『완당 평전』과 『추사 김정희』에 이어 최열의 『추사 김정희 평전』도 읽었다. 김정희가 조금씩 보이기 시작했다. 추사가 흔적을 남긴 곳들인 서울 종로구 통의동 백송터에서 제주 대정에 있는 김정희 적거지까지 가 보았다. 김정희가 좀 더 보였다.

변영만은 "우리나라의 글씨는 추사에게서 망했다."고 말했다. 김정희의 위대한 성취가 후대인들이 넘을 수 없는 높은 벽이 되었다는 것이다. 나이 60이 넘어 김정희는 추사체를 완성하며 일가를 이루었지만, 나는 나이 60이 넘어 서예를 처음 배우기 시작했다. 김정희는 글씨를 배우는 나에게 유안진의 시 「편견」의 말처럼 "오를 수 없는 산"이지만 "품고 싶은 산"이다. 일생에 오를 수 없는 산 하나쯤은 있어야 하지 않겠나.

그 산을 답사하며 보고 듣고 느낀 것을 기록했다. 이 글들은 김정희에게 바치는 나의 헌사다. 한승원, 유홍준, 최열, 양진건, 최준호, 이상국, 임병목 등 많은 김정희 전문 연구자들의 도움 없이는 김정희라는 산 입구조차 찾을 수 없었다. 그분들께 깊은 감사를 드린다. 그리고 블로그를 통해 김정희 관련 글을 쓴 분들의 도움을 많이 받았다. 그분들께도 깊은 감사를 드린다. 성근 글을 꼼꼼하게 읽고 조언과 내용의 오류를 수정해 준 서예가 착벽 이명복 선생께 깊은 감사의 말씀을 드린다. 추사 김정희 유적지를 다니면서 느꼈던 희열을 그분들과 함께 나누고 싶다.

목차

추사 연대기

출생(1786년)

김정희는 1786년 6월 3일 아버지 김노경과 어머니 기계 유씨 사이에서 맏아들로 태어났다. 생가는 충남 예산 추사 고택으로 알려져 있으나, 서울 종로구 통의동 백송터 부근이라는 설이 있다. 증조부 김한신이 영조의 둘째 딸 화순옹주와 결혼하여 월성위에 책봉되면서 서울 월성위궁(통의동 저택)과 예산 신암면 용궁리에 저택인 월성위가(추사 고택)와 인근의 토지와 임야를 하사받았다. 김한신은 부친인 김흥경이 죽자 부친과 선조들의 명복을 빌고자 오석산 병풍바위 옛 절터에 화암사를 중창했다. 김한신이 39세에 죽자 화순옹주도 따라 죽어 정조 때 열녀문을 내렸다.

추사로 가는 길

김정희의 출생과 관련하여 전설 같은 이야기가 전해온다. 먼저 김정희가 태어날 무렵 마을에 큰 가뭄이 들어 우물의 물이 줄어들고 뒷산의 나무들이 시들시들해졌는데 김정희가 태어나자마자 말랐던 우물에 물이 다시 차오르고 시들었던 나무들이 살아났다고 한다. 이른바 산천정기설이다. 또한 김정희는 어머니 기계 유씨가 24개월을 임신하여 낳았다는 이야기도 있다.

김정희의 집안은 조부 김이주와 생부 김노경이 판서, 양부 김노영이 참판을 지낸 명문 세가 집안이었다. 이는 김정희의 출세 가도에 좋은 환경이 되었지만, 19세기 세도정치 시절에 안동 김씨, 풍양 조씨 등과 권력의 주도권을 놓고 다툴 때 화를 입는 원인이 되기도 했다.

신동 일화(1791, 1792년)

김정희가 천재적 소질을 타고난 신동이라는 이야기가 전해온다. 먼저 여섯 살 때인 1791년 입춘을 맞아 〈입춘대길〉이라는 입춘첩을 대문에 붙였는데 『북학의』를 저술한 초정 박제가가 지나가다가 이 글씨를 보았다. 박제가는 김정희의 친아버지 김노경을 찾아가 그를 가르쳐 보겠다고 했다. 이듬해인 1792년에는 대문에 붙인 입춘첩을 보고 정승을 지낸 번암 채제공이 김노경을 만나 이런 이야기를 전했다.

> "이 아이가 필시 명필로 이름을 날릴 것이나 글씨를 잘 쓰게
> 되면 운명이 기구할 터이니 붓을 잡게 하지 말라."

입양(1793년)

김정희는 전후 무렵 큰아버지 김노영의 양자가 되었다. 어린 나이에 친부모 곁을 떠나 큰아버지가 있는 월성위궁으로 이주하였다. 입양 후 친아버지에게 보낸 편지가 있다.

> "삼가 살피지 못했습니다. 장마와 무더위에 건강은 어떠하신 지요? 매우 보고 싶습니다. 저는 큰아버지를 모시고 글공부 하며 편안하게 지내고 있습니다. 큰아버지가 막 행차하셨는데 비가 그칠 기미가 보이지 않고, 날씨가 후덥지근하니 염려됩니다. 동생 명희와 어린 여동생은 잘 있는지요? 제대로 갖추지 못했습니다. 살펴주십시오. 계축년(1793년) 6월 10일 아들 정희 올림."

입양된 지 일 년 만에 양아버지 김노영이 유배되었는데 1797년에는 양아버지 김노영과 할아버지 김이주가 사망했다. 1800년에 한산 이씨와 결혼하였는데 5년 만에 한산 이씨가 유명을 달리했다. 1801년에는 어머니 기계 유씨가 세상을 떠났다. 짧은 기간이었지만 가르침을 받았던 박제가가 1801년에 유배 갔다가 3년 만에 풀려난 후 이듬해 운명했다. 입양된 후 김정희는 10여 년 동안 조부, 양부, 친모, 아내와 스승이 모두 곁을 떠나는 아픔을 겪었다.

연경 기행(1809~1810년)

가족사에서의 아픔을 겪는 과정에서 김노경은 1805년 문과에 급제한 후 통정대부, 호조참판에 오르며 김정희에게 큰 버팀목이 되어 주었다. 김정희는 한산 이씨가 죽은 후 3년이 지난 1808년 예안 이씨와 결혼하였고, 이듬해 생원시험에 합격했다. 1809년 호조참판이던 김노경이 동지부사로 연경(지금의 북경)에 갈 때 자제군관 자격으로 꿈에도 그리던 연경을 가게 되었다.

김정희가 연경을 꿈꾸며 지은 시를 보면 그가 연경에 얼마나 가고 싶었는지를 알 수 있다.

> "개연히 특별한 생각이 일어 세상 밖 지기를 사귀고 싶네. 만일 마음에 맞는 사람을 만난다면 목숨을 내줄 수도 있네. 연경에 명사들이 많아 부럽기 그지없네."

연경에 네 차례나 방문했던 박제가로부터 연경 소식을 듣고 마침내 마음에 품었던 꿈을 이루게 된다. 김정희는 연경에 가기 전인 1805년 친아버지 김노경으로부터 백양(伯養)이란 자를 받았다. 이듬해에 원춘(元春)이란 자를 쓰다가 연경에 가던 해 추사(秋史)란 호를 처음으로 사용했다.

김정희는 1809년 11월 16일 의주를 출발하여 12월 24일 연경에 도착했다. 40여 일 동안 연경에 머물며 조강, 서송, 주학년 등 청의 훌륭한 학자들을 만났다. 그중에서 고증학의 대학자이자 관리였던 운대 완원(阮元)과 고증학자이자 금석학자였던 담계(覃溪) 옹방강과의 만남은 이후 추사의 학문과 예술에 결정적 영향을 주었다. 김정희는 완원과 옹방강과 사제 관계를 맺었고, 이는 옹방강과 완원을 만난 후 보담재(寶覃齋)라는 당호와 완당(阮堂)이라는 호를 사용한 데서도 알 수 있다.

김정희는 옹방강의 아들 옹수곤과도 교유했다. 청나라 학자 주학년이 연경 법원사에서 청을 떠나는 김정희를 위해 송별 모임을 열어 줄 정도로 그는 연경에서 청나라 대학자들과 깊게 교유했다. 이때 스승 완원을 비롯하여 옹수곤, 이임송 등 9명이 함께했다. 김정희는 1810년 2월 3일 연경을 떠나 3월 4일 의주에 도착했다.

김정희는 귀국 후에도 청에서 만난 학자들과 편지로 연락을 주고받았다. 주로 학문에 관한 생각이었는데 편지와 함께 책·글씨·그림·탑본을 주고받았다. 특히 이때 청에서 보내주는 금석문의 서체를 연구했는데 이는 향후 추사체 바탕을 형성하는 데 큰 영향을 끼쳤다. 또한 청나라를 방문하는 조선의 학자들에게 연경의 학자들을 소개해 주는 등 조선과 청의 학문 교류에 가교 역할을 했다. 1812년 연경에 가는 자하 신위에게 옹방강과의 만남을 추천하는 '연경에 들어가는 자하 선생을 송별하는 시'를 지어 주었다.

학자로 성장(1815~1818년)

김정희는 연행을 통해 실사구시를 토대로 한 새로운 학예일치(學藝一致)의 길을 걸어갔다. 연경 체험을 통한 청대 고증학의 수용은 김정희가 추사체 창출과 금석학 연구라는 빛나는 성과를 거두는 토양이 되었다.

김정희는 연경에서 완원과 옹방강과 사제의 연을 맺고 돌아온 후에도 그들로부터 책, 금석문과 탑본 등을 받아 연구하면서 고증학과 금석학에 대한 지식을 축적했다. 1815년에는 수락산 학림사에서 해붕대사와 불교의 공각(空覺)을 토론했다. 이때 그곳에서 평생의 벗 초의 선사를 만났다. 그해에 청에서 사귄 옹방강의 아들 옹수곤이 사망했다. 1816년 7월에는 김경연과 함께 북한산 비봉에 올라 그동안 무학대사가 세운 것으로 알려졌던 비가 신라 진흥왕 순수비임을 확인하고 이듬해 6월에는 조인영과 함께 올라 신라 진흥왕 순수비임을 거듭 확인했다. 같은 해 4월 경주 무장사 터에서 아미타조상비 파편을 찾아내 고증했다. 1818년에 경상 감사였던 김노경의 부탁으로 합천 해인사 대적광전 중건 〈상량문〉을 썼다.

출세와 가화(1819~1839년)

34세가 되던 1819년 추사는 문과에 급제하여 벼슬길에 오르는 발판을 만들었다. 그해 북한산 신라 진흥왕 순수비를 함께 연구하고 훗날 죽을 고비에서 제주도 유배로 생의 전환을 이루는 데 영향을 준 조인영도 문과에 급제했다. 김노경은 예조판서에 이어 홍문관 제학, 이조 판서, 대사헌과 형조 판서에 제수되었다. 김정희는 1820년 예문관 검열 겸 세자시강원 설서(說書)에 제수되었다. 설서는 세자에게 학문과 도의를 가르치는 관직이었다. 1823년에 규장각 대교, 이듬해 홍문관 수찬에 제수되었다. 그해 김노경은 과천에 산과 밭을 구입하여 별서인 과지초당(瓜地草堂)을 마련했다.

김노경이 고위 관직에 계속하여 오르고, 김정희는 1826년 2월 충청우도(지금의 충청남도) 암행어사에 임명되었다. 4개월간 암행어사로 충청우도 각 군현 지방관의 비리를 조사했고, 6월에 비인 현감 김우명을 봉고파직 했다. 이것이 훗날 김노경의 탄핵과 김정희가 제주도로 유배 가는 빌미가 되었다.

1830년 김우명이 김노경을 탄핵하여 전라도 고금도로 유배 갔고 이때 추사도 김노경을 따라 고금도에 가서 일정 기간 머물렀다. 1832년과 1833년에 김노경의 억울함을 호소하는 격쟁(擊錚)을 벌였다. 격쟁은 국왕이 거동하는 때를 포착하여 징·꽹과리·북 등을 쳐서 이목을 집중시킨 다음 자신의 사연을 국왕에게 직접 호소하는 행위였다.

김정희는 1835년에 우부승지와 좌부승지, 1836년에는 병조 참판과 성균관 대사성에 제수되었다. 1837년에 김노경이 사망했다. 1839년에 형조 참판에 제수되었고 같은 해 헌종이 추사에게 경주 옥산서원 중건 현판 글씨를 쓰도록 하명하여 썼다.

1840년 6월 동지부사에 임명되었다. 1809년 동지부사로 가는 김노경을 따라 연경에 갔던 김정희가 이제 동지부사가 되어 30여 년 만에 연경에 가게 되는 영광을 얻게 되었다. 그러나 운명의 야속함이여! 기쁨도 잠시 김정희는 제주 유배라는 형벌을 받아야 했다.

제주 유배(1840~1848년)

1840년 9월 7일 전후 유배길에 들어선 김정희는 경기도 과천, 수원을 거쳐 충청도 천안과 공주, 전라도 전주와 정읍, 나주를 지나 9월 20일 해남으로 내려갔다. 해남에 도착한 김정희는 대흥사 일지암에서 수행하고 있던 초의를 만나고 하루를 묵은 후 이진포에서 배를 타고 제주로 떠났다.

유홍준은 『추사 김정희』에서 해남까지 내려오는 과정에서 있었을 법한 전설 같은 일화 두 가지를 소개하고 있다. 그중 하나는 전주에 도착한 김정희가 당시 호남 지방에서 명필로 이름을 날리던 창암 이삼만이 김정희에게 자기의 글씨를 보여 주자 "노인장께서는 지방에서 글씨로 밥은 먹겠습니다."라고 평을 했다는 것이다. 또 다른 하나는 추사가 해남 대흥사에 들렀을 때 원교 이광사가 쓴 〈대웅보전〉 현판을 보고 초의에게 그 현판을 떼고 자기가 써 주는 글씨로 새겨 걸라고 했다. 그런데 해배되어 상경하는 길에 대흥사에 들러 이광사가 쓴 〈대웅보전〉 현판을 다시 걸라고 했다는 것이다.

김정희는 9월 27일 제주 화북진에 내린 후 10월 1일 유배지인 서남쪽 대정현에 도착했다. 처음 2년 동안 대정읍성 안의 송계순의 집에 머물다가 강도순의 집으로 옮겨 1848년 해배될 때까지 유배 생활을 했다. 1841년 2월 제자 허련이 추사를 찾아와 4개월여 동안 머물다 갔다. 1842년 제주 목사 이원조에게 동계 정온의 유허비 건립을 건의했다. 1842년 11월 13일 아내 예안 이씨가 사망하였다. 1843년 봄 초의가 추사를 찾아오고, 7월에 허련이 다시 찾아와 머물다 갔다. 1844년 김정희는 이상적에게 〈세한도〉를 그려 보냈으며, 백파 스님과 편지로 불교 삼종선에 관해 논쟁했다. 1845년 쇠락해진 예산 화암사를 중건하였을 때 「화암사중수상량문」을 지어 보냈고, 〈시경루(詩境樓)〉, 〈무량수각(無量壽閣)〉 현판 글씨를 써서 보냈다. 대정향교 동재 현판인 〈의문당(疑問堂)〉을 쓰고, 김만덕의 선행을 기린 〈은광연세(恩光衍世)〉 현판을 써 주었다. 1847년 허련이 세 번째로 찾아와 5개월여 동안 머물다 갔다. 이때 허련이 김정희의 초상을 그렸다. 1848년 3월 제주 목사로 부임해 온 장인식의 도움으로 음식과 물품을 지원받고 제주읍을 여행했다. 1848년 12월 6일 헌종이 추사를 석방하라는 명을 내려 8년 3개월의 유배형이 끝났다.

서울 귀향(1849~1851년)

제주 유배형에서 풀린 김정희는 1849년 2월 13일 대정을 출발하여 화북진에서 배를 타고 2월 28일 대흥사에서 초의를 만났다. 3월에 예산 월성위가에서 잠시 머문 후 서울 용산 본가에 도착했다. 김정희는 북청으로 유배 가기 전까지 마포와 용산 부근에서 살았다. 이 기간에

〈단연죽로시옥(端硏竹爐詩屋)〉, 영천 은해사 불광각의 현판 〈불광(佛光)〉을 썼다.

북청 유배(1851~1852년)

1851년 5월 조천을 둘러싼 신해예송 문제로 영의정 권돈인과 김정희가 유배하게 되었다. 왕실의 사당인 종묘에는 창업 군주인 태조 외에 현재 왕의 부·조·증조·고조에 해당하는 왕의 신위를 봉안하는 것이 관례였다. 그러므로 지금 왕이 죽으면 태조를 제외하고 맨 앞에 있는 고조의 신위를 종묘에서 빼내어 영령전으로 옮긴다. 이것을 조천이라고 한다. 1849년 헌종이 죽고 삼년상이 끝날 때쯤 조천 문제가 생겼다. 예법대로라면 태조/진종(사도세자)-정조-순조-익종(효명세자)의 신위에서 진종의 신위를 빼내면 되었다. 그런데 권돈인이 이를 반대하고 나섰다. 이에 김정희도 권돈인의 주장에 합세했다. 결국 권돈인과 김정희의 주장이 받아들여지지 않고 진종의 신위를 빼고 헌종의 신위를 봉안하도록 결정되었다.

조천이 끝나자 진종 조천을 주장했던 안동 김씨 세도가들의 상소가 빗발치듯 이어졌고, 결국 권돈인은 강원도 화천군에 중도부처(유배지로 가는 도중 한곳에서 지내게 하는 유배형)되었고, 김정희는 1851년 7월 22일 북청 유배형을 받았다. 그리고 이에 가담했던 오규일은 강진현 고금도로, 조희룡은 영광군 임자도(지금의 신안 임자도)로 절도안치(섬 유배) 되었다.

김정희는 북청으로 유배 갔지만 제주도 위리안치(가시울타리 안에서 유배) 유배보다는 좀 나은 편이었다. 북청 유배는 주군안치(일정구역 안에서는 자유로운 유배)였기 때문에 북청 안에서는 이동의 자유가 주어졌다. 여기에 유배 간 지 2개월 후 후배이자 제자였던 침계 윤정현이 북청을 관할하는 함경감사로 부임해 왔다. 그래서 김정희는 윤정현의 힘을 빌려 신라 진흥왕 순수비인 황초령비의 보존을 부탁했다.

김정희는 1832년 권돈인이 함경감사로 부임해 갔을 때 그에게 부탁하여 황초령비 비석 조각 탑본을 부탁했고, 권돈인이 보낸 탑본을 연구한 끝에 황초령비가 신라 진흥왕 순수비임을 밝혀냈었다. 윤정현이 함경감사로 부임해 오자 20여 년 전 탑본을 뜨고 제대로 보존하지 못했던 황초령비를 원래 위치에 옮겨 보존하도록 부탁했다.

김정희의 부탁을 받은 윤정현은 1852년 8월 황초령비를 황초령의 정상에는 올리지는 못하고 그 아래쪽에 옮겨 세우고 비각을 지어 보존했다. 그리고 김정희에게 비각에 걸 현판 글씨를 부탁하였고, 김정희는 〈진흥북수고경(眞興北狩古竟)〉을 써 주었다. '진흥왕이 북쪽을 순시한 옛 영토'라는 뜻이다. 현판 글씨를 쓰고 며칠 지나지 않아 철종이 권돈인과 함께 추사의 해배를 명하여 1년여 기간의 북청 유배 생활이 끝났다. 〈잔서완석루(殘書頑石樓)〉, 〈사서루(賜書樓)〉, 〈침계(梣溪)〉, 〈도덕신선(道德神僊)〉을 썼다.

과천 생활(1852~1856년)

북청 유배에서 풀려난 김정희는 1852년 10월 9일 김노경이 별서로 마련해 놓았던 과천의 과지초당으로 돌아와 이승을 하직할 때까지 4년 동안 살았다. 1853년 9월에는 강진에 사는 다산 정약용의 제자였던 황상이 정약용의 아들 정학연과 함께 과지초당을 방문했다. 1854년부터 죽던 해까지 6회에 걸쳐 김노경의 억울함을 호소하는 격쟁을 했다. 1855년에는 제주 유배 시절 논쟁을 벌였던 백파 스님 제자들의 부탁으로 백파 스님 비문인 〈화엄종주백파율사대기대용지비〉를 써 주었다. 〈대팽·고회〉, 〈호고·연경〉, 〈무쌍·채필〉을 쓰고, 〈불이선란도〉를 그렸다.

영면(1856년)

1856년 여름과 가을 두 계절을 봉은사에 머물렀다. 봉은사 영기 스님의 부탁으로 『화엄경』 판각을 보존하는 전각의 현판 〈판전(板殿)〉을 써 주었다. 김정희는 〈판전〉을 쓰고 사흘 뒤인 1856년 10월 10일 별세했다. 예산 월성위가(추사 고택) 옆 선영에 두 아내와 합장되었다. 추사 사후 권돈인은 추사의 아들 상무에게 추사영실을 짓게 하고 이한철이 그린 〈김정희 초상〉을 봉안했다.

추사를 찾아 떠난 여행

출생과 출세

왜 추사 고택인가

•

예산 추사 고택

　우리는 대체로 김정희는 1786년 충남 예산군 신암면 용궁리 지금의 추사 고택에서 태어났고, 예산이 김정희의 고향으로 알고 있다. 김정희는 8세 이전에 한양에 있는 월성위궁의 큰아버지 김노영에게 종손으로 입적되었다. 월성위궁과 월성위가가 생긴 내력은 영조 임금의 둘째 딸이자 사도세자의 누이동생인 화순옹주와 추사의 증조부 김한신이 결혼하면서 생겼다. 영조는 딸 화순옹주와 결혼한 사위 김한신에게 월성위라는 작위를 내리고, 서울과 예산에 저택을 하사했다. 서울 종로구 통의동에 있는 저택이 월성위 김한신이 거주하는 집이라 하여 월성위궁이라고 하고, 예산에 있는 저택 월성위가가 향저(鄕邸)인데, 지금은 '추사 고택'으로 널리 불리고 있다.

영조는 월성위 김한신에게 예산 향저를 하사할 때 주변의 토지와 임야를 별사전으로 하사했다. 그래서 향저 뒷산인 용산(앵무봉과 오석산의 두 개의 봉우리가 있는 산)도 별사전에 포함되었다. 앵무봉 아래에는 추사 고택이 있고, 또 하나의 봉우리인 오석산 중턱에는 삼국 시대 건립된 것으로 알려진 화암사가 있었다. 그래서 화암사도 별사전에 포함되어 추사 가문의 원찰이 되었다.

월성위궁에 거주했던 김노영에게 대를 이어갈 아들이 없었기 때문에 조카인 김정희를 양자로 삼았고, 그때부터 김정희는 종손으로 김노영이 있는 월성위궁으로 가서 살게 되었다. 김정희는 월성위궁으로 가기 전까지의 유년 시절에 월성위가(이하 추사 고택)과 화암사에 자주 들렀다. 관직에 있을 때는 주로 월성위궁에서 지냈고, 추사 고택은 조상의 터전이 있는 곳이라 성묘와 독서를 위해 자주 왕래하며 이곳에 머물렀다. 예산에서의 이런 경험은 김정희에게 잊히지 않는 기억으로 남게 되었다. 그래서인지 김정희는 5언 16구의 「예산」이란 시를 남겼다.

예산은 두 손을 맞잡은 듯 의젓하고
어진 산은 잠자는 듯 고요하네.
사람들이 쳐다보는 곳은 매양 같은 곳이지만
신선이 왕래하는 주변 땅은 따로 있네.
-중략-
넓은 들판은 참으로 흡족하며

좋은 바람 또한 기쁘구나.

-후략-

　예산(禮山)은 이름부터 예가 들어가 있다. 시에서 표현한 어진 산은 추사 고택의 뒷산인 용산이 아닐까 싶다. 인과 예는 유학의 핵심 가치인데, 김정희가 곧 양반 사대부 가문의 유학자였기에 맨 처음 두 구는 김정희를 상징적으로 나타내는 듯도 하다. 예로 단속하는 김정희의 엄한 몸가짐과 공손함, 유년의 추억을 간직한 고택과 화암사가 자리 잡은 용산을 김정희 자신과 오버랩하며 쓰지 않았을까.

　추사 고택은 충청 지역의 각 군현에서 한 칸씩 지을 비용을 분담하여 53칸의 규모로 건립되었다. 우리가 보는 고택은 1976년 안채, 사랑채, 사당을 포함한 규모로 축소 복원한 고택이다. 추사 고택 주변은 김정희 가문의 터전답게 증조부모인 김한신과 화순옹주 묘, 화순옹주 홍문(열녀문), 고조부로 영의정을 지낸 김흥경의 묘, 그리고 김정희의 묘가 있다.

　추사 고택의 안채는 6칸의 대청과 2칸의 안방과 건넌방이 있고, 부엌과 안대문, 협문, 광 등을 갖춘 'ㅁ' 자형의 집이다. 사랑채는 바깥 솟을대문을 들어선 마당에 자리 잡은 'ㄱ' 자형 집으로 남쪽에 한 칸, 동쪽에 두 칸의 온돌방이 있고 나머지는 모두 대청과 마루로 되어 있다. 사랑채는 안채와는 구분되어 있는데 이는 유교적 윤리 관념에 근거한 것이다.

예산 추사 고택 사랑채

　사랑채 댓돌 앞에 세워진 돌기둥은 해시계의 받침 용도로 쓰였으며, 석년(石年)이라는 글씨는 김정희의 서자인 김상우가 추사체로 쓴 것을 각자한 것이다. 지금 안채와 사랑채의 각 기둥에는 김정희의 글씨 중 널리 알려진 것들을 서각하여 걸고 풀이까지 써서 붙여 놓았다. 칠십 평생 여러 곳에 살며 썼던 글씨를 새긴 것이라 현장성은 떨어지지만 한 번 읽어 볼 만한 좋은 자료다. 이곳을 찾는 사람 중 기둥에 있는 주련을 읽으며 음미하는 사람들이 별로 없다는 것은 좀 아쉽다.

　안채 뒤에 있는 사당(영당)은 김정희 사후 양아들 상무가 세웠다. 김정희의 벗 이재 권돈인은 영당 세우는 일을 돕고 추사체로 〈추사영실〉 이라는 현판을 썼다. 또한 김정희의 제자였던 이한철에게 대례복을 입

추사로 가는 길

은 김정희의 초상을 그리게 했다. 권돈인은 이 초상화에 찬문을 쓰고 김정희를 추모하는 여덟 수의 시를 지어 김상무에게 주었다.

김노영이 죽자 서울 월성위궁과 예산 추사 고택은 추사의 집이 되었다. 이곳은 추사가 자주 내려와 머물렀던 집이다. 죽어서는 이곳에 묻혔다. 이곳은 김정희에게 생가를 넘어서는 고향과도 같은 곳이었다. 이곳은 이렇게 김정희의 집이 되었고, 그가 죽은 후 이곳을 추사 고택으로 불렀다.

추사 고택에 갔을 때는 완연한 봄으로 넘어가는 시기였기에 수선화, 매화, 목련 등이 만개했거나 봉오리가 터지고 있었다. 김정희가 제주도 유배 적거지 주변에서 많이 보았던 수선화가 그의 묘 뒤쪽에 가득히 피어 있었다. 사월 첫날의 따사로운 봄 햇살에 수선화는 꽃잎을 세상에 펼치고 있었다. 꽃송이마다 그가 쓴 글씨가 나비가 되어 내려앉았다.

서울 통의동 월성위궁 인근이 김정희의 생가였다면 예산 월성위가는 추사가 죽은 후 추사 고택이 되었다. 김정희 생가 부근에 백송터가 남아 있고, 추사 고택 인근에는 추사가 심은 백송이 자라고 있다. 추사 고택은 김정희가 후세에 이름을 남긴 집이 되었다.

예산 추사 고택 인근에 있는 백송
백송 뒤에 고조부 김흥경의 묘가 있다.

추사로 가는 길

추사 고택 최초 입주자

•

예산 화순옹주 열녀문

추사 고택에 들르면 김정희라는 이름이 맨 먼저 떠오른다. 이 집 이름에 추사란 이름이 들어갔으니 그렇다. 그런데 이 집에 오면 김정희의 증조부 김한신과 증조모 화순옹주가 떠오른다. 이 집의 맨 처음 주인이 그들이었기 때문이다. 안채는 화순옹주를 배려하여 왕실 저택 구조를 본떠서 지었다.

영조는 둘째 딸 화순옹주를 영의정 김흥경의 아들 김한신과 결혼시키고 김한신에게 월성위라는 작위와 함께 예산과 서울에 각각 저택을 하사했다. 서울 통의동에 하사한 집을 월성위궁, 예산 신암리 용궁리 용산 자락에 하사한 집을 월성위가로 불렀다. 추사 사후 추사의 이름이 높아지자 예산 월성위가를 복원하고 추사 고택으로 명명했다.

영조의 부마 즉 사위가 된 김한신은 인물이 잘생기고 총명하며 글씨가 뛰어나 영조의 사랑을 받았으며 벼슬은 오위도총부 도총관에 올랐다. 평소에 비단옷을 입지 않고 겸손하게 몸을 낮추어 생활했다고 한다. 그는 글씨를 잘 써서 시책문을 많이 썼고 전각에도 뛰어났다. 그러나 안타깝게도 김한신은 39세에 세상을 떠났다.

화순옹주는 죽은 남편을 따라 죽기를 결심하고 단식을 했다. 영조가 딸을 살리기 위해 미음을 주면서까지 단식을 말렸으나 화순옹주는 14일을 굶다가 남편 김한신을 따라 세상을 떠났다. 화순옹주는 조선 왕실에서 처음 나온 열녀였다. 영조는 딸에게 '정절을 아름답게 여기노라'는 장문의 애도문을 썼지만 아버지이자 왕인 자기의 말을 듣지 않고 죽은 것이 못내 서운했는지 정려각을 내려주지는 않았다. 그 후 정조가 화순옹주 열녀문(홍문)과 정려각을 세웠다.

지금 홍문 입구에는 '열녀수록대부월성위겸오위도총부도총관 증시 정효공김한신배화순옹주지문 상지 7년 계묘 1월 12일 특명정려'라는 글을 써 놓았다. 맨 앞에 '열녀'라는 이름을 내리고 맨 마지막에는 '특명으로 정려를 내린다.'고 되어 있어 이 문이 왕이 내린 열녀문임을 나타냈다.

홍문의 왼쪽 산자락에는 김한신과 화순옹주가 합장된 묘가 있다. 비 앞면에는 영조의 친필로 '유명조선수록대부월성위겸오위도총부도총관증시정효김공지묘화순옹주부좌'라고 새겨져 있다.

아들 사도세자를 비명에 가게 하고, 그 사도세자에 의해 죽임을 당한 사위 김한신, 그리고 그를 따라 죽은 딸 화순옹주, 그 비극적 죽음 앞에서 영조는 어떤 마음이었을까. 아버지보다 일찍 죽은 딸과 사위의 묘비문을 쓴 영조의 마음이 헤아려진다.

김한신과 화순옹주의 월성위가는 추사가 세상에 이름을 드러내자 '추사 고택'이란 새로운 이름으로 불리게 되었다. 화순옹주 홍문을 들어가면 정려각을 떠받치던 주춧돌만 남아 있다. 그 주춧돌은 열녀란 이름을 얻은 화순옹주를 증거하는 돌 같지 않은 돌이다. 추사 고택에 들렀을 때 사랑채 안 처마에 제비가 집을 짓고 새끼를 품고 있었다. 300여 년 전 이곳에 새 보금자리를 틀었던 김한신과 화순옹주가 떠오른다. 그들의 안타까운 사연과 함께.

예산 추사 고택 인근 화순옹주 홍문

김정희 생가는 어디일까

•

서울 통의동 백송터

김정희하면 추사체와 〈세한도〉, 제주도의 대정 유배지와 예산의 추사 고택이 제일 먼저 떠오른다. 추사의 이미지가 강렬하게 형성된 것과 장소다. 역사적 인물의 탄생지는 후대인들에게 그를 기억하게 하는 장소다. 세상에 그 모습을 맨 처음 드러낸 곳이기에 그럴 것이다. 그곳은 세상에 흔적을 남기고 돌아가는 동안의 첫 출발지이기 때문이다.

김정희의 생가는 어디일까? 여러 가지 가능성을 염두에 둔다면 김정희의 생가는 먼저 김노경이 서울 월성위궁에서 살았다면 그곳일 수도 있고, 또는 어머니가 아이를 낳을 때 친정에 가서 낳는 풍습이 있었으니 어머니 기계 유씨 친정인 서울 낙동의 외가일 수도 있고, 그리고 김노경이 월성위궁에서 살다가 분가하여 살던 집일 수도 있다.

김정희가 태어난 곳을 가리키는 기록이 없어 그의 생가가 어디인지를 두고 전문가들 사이에 주장이 엇갈렸다. 맨 처음 떠오르는 곳이 예산 추사 고택이다. 추사 고택이 김정희의 생가라는 인식은 일본인으로 김정희 연구의 개척자인 후지츠카 치카시[藤塚鄰]가 김정희가 추사 고택에서 태어났다고 한 후부터였다.

추사 고택이 김정희의 생가라는 점을 염두에 둔 믿기 힘든 일화가 전해 내려온다. 김정희는 어머니가 잉태한 지 24개월 만에 낳았다는 것이다. 생물학적으로는 이해가 되지 않지만, '박학하고 문장으로 당대의 세상을 크게 울렸다.'는 기록이나 『철종실록』의 기록과 함께 보면 김정희의 뛰어남을 드러낸 전설 같은 이야기인 것이다.

또한 김정희가 출생할 때 추사 고택 '우물의 물이 줄어들고 팔봉산의 수목이 모두 시들었다.'는 이른바 팔봉산 정기설도 있다. 이로 인해 어릴 때부터 신동 소리를 들었다는 것이다. 정말 그럴까. 그럼 어디일까.

최열의 고증에 따르면 김정희가 태어난 곳은 서울 낙동에 있는 외가이고, 본가는 서울 장동으로 지금의 통의동 백송터 부근이었다. 입양되어 들어가 살던 월성위궁도 통의동 인근으로 보고 있다.

김정희는 서울 낙동에서 태어나 장동에서 어린 시절을 보냈다. 그리고 여덟 살 이전 큰아버지 양자로 들어간 이후부터 제주로 유배하러 가기 전까지는 주로 서울 통의동 월성위궁에서 살았다. 8년 넘게 제주 유배살이를 한 후 강상이라고도 하는 서울 용산과 마포에서 살았다. 그리고 일 년 정도 함경도 북청에 유배 갔다. 유배에서 풀려나 죽기까지

서울 통의동 백송터
1992년 백송은 죽고 밑동만 남아 있다.
그 옆에 있는 백송은 원래 백송이 죽자 주민들이 새로 심은 것이다.

추사로 가는 길

4년 동안 서울 봉은사를 오가며 과천에서 살았다.

월성위궁은 지금의 통의동 백송터 부근에 있었고, 김노경이 분가한 집도 이곳과 가까운 곳에 있었다. 두 곳 모두 흔적을 찾을 수 없고 다만 백송이 있던 터만 남아 있다. 통의동 백송은 높이 16m, 흉고 둘레 5m로 우리나라에서 가장 크고 수형이 아름다워 1962년 천연기념물로 지정되었으나, 1990년 7월 태풍으로 넘어져 고사하고 지금은 밑동만 남아 있다. 통의동 백송터는 김정희라는 대가를 기억하게 해 주기에 충분하다.

추사 고택은 김정희가 제주도로 유배 가면서 월성위궁이 타인에게 넘어가자 김정희 가문의 본가처럼 되었다. 그곳에 고조부와 증조부모의 묘가 있고 증조모 화순옹주 열녀문도 있을 뿐만 아니라 김정희의 묘도 그곳에 있다. 또한 김정희 가문의 원찰이었던 화암사도 있다. 그래서 지금 세인들이 김정희를 기억하는 공간은 예산 추사 고택과 제주도 대정 유배지, 그리고 과천 과지초당이다.

김정희 가문의 원찰

•

예산 화암사

추사 고택에서 1km쯤 서남쪽으로 가면 용산의 또 하나의 봉우리인 오석산 중턱에 화암사(華巖寺)가 있다. 화암사의 창건연대나 설화는 알려진 것이 없으나 삼국 시대 창건된 사찰로 전해지고 있다. 화암사는 김한신이 영조의 사위가 되었을 때 별사전으로 받은 일대의 전토에 포함되어 있어 그 가문에 세습되는 원찰이 되었다. 쇠락해가던 절을 1752년 김한신이 중건했고, 김정희가 제주에 유배되었을 때 다시 중건되었다. 지금은 예산 수덕사의 말사로 편입되었다.

화암사는 김정희 가문의 원찰이었기 때문에 추사는 어렸을 적부터 화암사를 들렀다. 월성위궁에 양자로 들어간 후 과거 공부할 때나 관직에 있을 때도 자주 내려왔고 그때마다 화암사에 들른 것으로 전해진다. 그래서 유교 경전을 공부하고 관직에 오른 양반 사대부이자 시서화에 뛰어났던 추사에게 화암사는 또 하나의 정신세계를 형성하는 자양분 역할을 해 주었다.

김정희는 화암사에 진한 흔적들을 남겼다. 제주 대정에서 유배 중이던 김정희는 1846년 화암사가 중건될 때 화암사중건상량문과 함께 〈무량수각〉과 〈시경루〉의 편액을 써서 걸게 했다. 지금 화암사에 무량수각과 시경루 건물은 없어지고, 그 편액은 수덕사의 근역성보박물관에 보관되어 있다.

화암사 대웅전으로 들어가는 입구의 건물은 〈원통보전〉, 〈추수루〉, 〈화암사〉, 〈좌화취월〉 현판이 붙은 인법당이다. 예불을 드리는 법당과

예산 화암사
오른쪽 건물이 인법당으로 출입문이 있다.

스님들의 생활공간이 함께 있는 구조다. 그래서 언뜻 보면 절집의 전각이라기보다는 양반집 가옥의 사랑채처럼 보인다. 들어가는 대문도 그렇게 만들었으니 그렇게 보일 만도 하다.

원통보전은 관세음보살을 모신 전각이다. 관세음보살은 아미타불의 현신으로 석가모니의 열반 이후 미래불인 미륵불이 출현할 때까지 중생들을 고통으로부터 지켜준다는 보살이다. 화암사 현판 글씨는 추사의 증조부인 김한신이 썼다. 지금 걸려 있는 것은 모사본이다. 화암사라는 절의 이름은 영조가 명명한 것이다.

현판 〈추수루〉에는 추사의 호인 완당 낙관이 새겨져 있다. 추수루는 김정희가 권돈인에게 써 주기도 했던 글씨다. 추수는 가을의 물을 의미하는데, 추사가 쓴 대련 〈추수문장불염진(秋水文章不染塵)〉이 연상된다. '가을 물처럼 맑은 문장은 티끌에 물들지 않는다.'는 뜻이다. 추사가 스스로를 단속하기를 그렇게 하지 않았나 싶다. 추사란 그의 호도 비슷한 의미를 연상시킨다.

또한 화암사 대웅전 뒤에 있는 병풍바위에 〈시경(詩境)〉과 〈천축고선생댁(天竺古先生宅)〉이라는 친필 각자를 새겨 놓았다. 그리고 화암사에서 370여 미터 떨어진 곳에 있는 쉰길바위(50길 바위)에 〈소봉래(小蓬萊)〉라는 글자도 새겨 놓았다. 이 세 개의 추사 친필 각자는 추사와 화암사, 그리고 오석산이 추사에게 끼친 영향과 아울러 추사의 묵향을 느끼게 해 준다.

〈시경〉은 시의 경계 또는 시흥을 불러일으키는 아름다운 경지라는 뜻으로 좋은 경치를 의미하기도 한다. 이 〈시경〉은 추사가 연경에 갔을 때 스승으로 인연을 맺은 담계 옹방강으로부터 받은 송나라 애국시인 육유의 〈시경〉 암각 탁본을 이 병풍바위에 그대로 새겨 놓은 것이라고 알려져 있다. 그러나 고재식은 이 〈시경〉은 육유의 탁본 글씨를 그대로 옮겨 새긴 것이 아니라 추사가 육유의 〈시경〉 글씨를 중국 전한시대 예서체로 쓴 것으로 고증했다.

그래서 〈시경〉 안내판에는 "일각에서는 추사 김정희 선생의 친필이라는 견해가 있어 연구가 필요한 필적"이라고 적어 놓고 있다. 유홍준은 『추사 김정희』에서 고재식의 견해를 따르며, 이 글자를 새긴 시기는 제주도에서 유배가 풀린 후 서울 용산 부근에서 살던 강상 시절의 작품

예산 화암사 〈시경〉 암각

이라고 했다.

유학자들은 왜 시서화를 교양 필수로 공부했을까. 공자는 '〈시경〉의 시 삼백 편을 한마디로 말하자면 생각에 사악함이 없다.'고 했다. 성인의 말씀을 금과옥조로 여기고 이에 따라 수양하는 유학자들의 이상이 어디쯤인지를 알 수 있는 대목이다. 옹방강과 추사가 〈시경〉을 새긴 뜻도 더불어 알 수 있을 듯했다.

천축고선생은 천축국(인도)의 옛 선생, 즉 석가모니를 뜻한다. 여기에 집을 의미하는 댁이라는 글자를 붙였으니 천축고선생댁은 석가모니집, 즉 절집을 말한다고 볼 수 있다. 언뜻 생각하면 화암사를 가리키는 이름을 새겨 놓은 것이라고 볼 수도 있다. 그런데 〈천축고선생댁〉도 추사가 연경에 갔을 때 스승인 담계 옹방강의 집 대문 양쪽에 걸려 있던 〈상견동파구거사 엄연천축고선생(想見東坡舊居士 儼然天竺古先生)〉이라는 대련에서 '천축고선생'이라는 문구를 떠올려 병풍바위에 새겨 놓은 것이라고 한다.

이 대련의 내용은 '옛 동파거사(소동파)를 떠올려 보니, 엄연한 천축고선생'이라는 뜻이다. 동파거사를 추사거사로 병치해 놓고 보면 특히 김정희가 소동파를 얼마나 흠모했는지를 알 수 있다. 유가 사상을 근간으로 했지만 도가 사상과 불교에도 심취해 있던 소동파를 조선 후기 양반 사대부였던 김정희가 좋아한 이유를 알 듯했다. 안내판에는 추사가 '유려한 행서로 써서 새겨 놓았다.'고 설명하고 있으나 서예 연구자들 사이에서는 이 암각 글씨의 서체가 해서, 또는 행서기가 들어간 해서 등으로 의견이 엇갈리고 있다. 좀 더 깊고 전문적인 연구와 고증이 필요하겠다.

쉰질바위에 새겨 놓은 〈소봉래〉는 스승인 옹방강의 집 앞 석순(石筍)에 '봉래'라 쓰인 것을 보고 자신은 작은 봉래라 이르며 여기에 소봉래라고 새겨 놓은 것이다. 이에 대해 박철상은 옹방강의 집에 있던 〈소봉래각(小蓬萊閣)〉 현판을 본받은 것이라고 했다. 어느 의견이 정확한지는 좀 더 고증이 필요하겠지만 옹방강의 영향으로 새긴 것이라는 점은 확실한 것 같다. 김정희가 소봉래각(小蓬萊閣), 소봉래산인(小蓬萊山人) 등 소봉래와 관련된 호를 만들어 쓴 점으로도 미루어 짐작된다.

소봉래는 신선이 산다는 봉래산에 비긴 것으로, 오석산 바위에 이런

〈소봉래〉(좌)와 〈천축고선생댁〉(우) 암각

의미를 따서 〈소봉래〉를 새겼다고도 볼 수 있다. 추사가 화암사가 들어앉은 오석산에 대한 남다른 애정이 있었음을 엿볼 수 있다. 추사가 쓴 '예산'이란 시에서 "신선이 왕래하는 주변 땅은 따로 있네."가 화암사가 있는 오석산을 가리키는 것은 아닐까. 어쩌면 이곳 오석산이 있는 용산에서 신선이 되고픈 마음이 투영된 것은 아니었을까도 싶다. 그의 묘는 지금 용산 앵무봉 아래 추사 고택 옆에 있다.

한편으로 〈시경〉, 〈천축고선생댁〉, 〈소봉래〉를 통해 추사가 스승 옹방강을 얼마나 존경했는지 가늠해 볼 수 있다. 유학, 금석학, 서예에 눈을 뜬 24세의 청년 김정희가 꿈에 그리던 중국 연경(북경)에 가서 청대 최고의 학자인 옹방강을 스승으로 삼았고 그 후로도 계속 책과 서찰을 주고받으며 국제적인 교유를 했으니 그럴 만도 하지 않았겠는가. 〈시경〉, 〈천축고선생댁〉이 새겨진 병풍바위와 〈소봉래〉가 새겨진 쉰질바위 앞에 서 있으면 스승과 제자의 높은 경지와 아름다운 향기가 진하게 풍겨 나온다.

화암사는 유학자인 김정희에게 불교의 씨앗을 심어 준 곳이다. 훗날 해붕 스님과의 공(空)에 대한 논쟁, 백파 스님과의 선불교 관련 논쟁, 그리고 초의 스님과의 막역한 교유, 죽기 직전 봉은사에 머물며 불교에 귀의한 점 등은 유년 시절 화암사에서 놀던 경험이나 화암사를 통해 습득했던 불교에 대한 이해가 바탕이 되었을 것이다. 화암사는 김정희에게 불교의 요체를 의식의 깊은 곳에 새겨 놓은 공간이 아닐까 싶다.

추사가 화암사 병풍바위와 쉰질바위에 새겨 놓은 〈시경〉, 〈천축고선생댁〉과 〈소봉래〉는 유가, 불가, 도가 사상을 상징하는 말이다. 김정희가 이것들을 새겨 놓은 이유를 알 듯했다. 김정희가 소동파를 좋아한 이유도 이와 더불어 조금은 이해되었다. 화암사는 김정희를 깊게 이해할 암호를 새겨 놓은 곳이다. 화암사의 병풍바위가 봄기운을 받아 화려하게 피어나고 있었다. 머지않아 세상은 꽃으로 장식될 것 같았다.

김정희 삶의 키워드

●

국립중앙박물관 김정희 인장

　사람이 태어나면서 제일 먼저 얻는 타이틀이 뭘까. 아마도 이름이 아
닐까 싶다. 중국이나 우리나라 선비들은 이름과 함께 자나 호를 즐겨
짓고 사용했다. 자는 성인이 되었다는 징표로 새로 지어주는 부명(副
名)의 호칭이다. 자가 생기면 본명은 별로 사용하지 않는다. 그래서 본
명을 '부르기를 삼가야 하는 이름'이라고 하여 휘명 또는 휘라고 했다.
호는 본명이나 자 외에 편하게 부를 수 있도록 지은 이름으로 아호 또
는 별호라고도 한다.

　호의 종류에는 아호, 당호, 택호, 시호 등이 있다. 아호는 문인, 학자,
화가, 서예가 등이 즐겨 썼고, 당호는 집의 호를 말한 것으로 그 집의
주인을 일컫기도 하였다. 택호는 벼슬 이름이나 출신지를 붙여 그 사

람의 집(宅)을 부를 때 사용했다. 시호는 왕의 공덕이나 재상, 학자 등의 행적을 칭송하여 임금이 추중했다. 호는 '퇴계 이황'처럼 이름과 짝지어 부를 때가 많았다. 지금까지 호가 가장 많았던 사람은 김정희로 알려져 있다.

김정희의 호는 오백여 가지가 있다고 한다. 최준호는『추사, 명호처럼 살다』에서 김정희가 쓴 편지와 글씨 등에 사용한 명호(名號) 343개를 찾아내 그것과 관련된 내력을 밝혔다. 김정희는 자기의 호를 인장으로 새겨 편지나 글씨의 낙관으로 사용했다. 국립중앙박물관에는 김정희 종가가 기탁해 보물로 지정된 인장 27개를 보관 전시하고 있다.

김정희는 곧 추사라고 할 정도로 추사는 김정희의 대표적인 호다. 최준호는 "추사는 '추상같이 엄정한 금석서화가'란 의미로 자신을 이른 호다. 가을 서리같이 엄정한 금석학자이자, 서화가란 의미"라는 것. 이어서 "추사란 호는 김정희가 24세 때인 1809년 10월 28일 친아버지 김노경의 자제군관으로 연경에 가기 전 생애 반전을 도모하기 위해 작심하고 만들었다."고 주장한다.

'완당'은 연경에서 만나 스승으로 섬겼던 청나라의 대학자 완원의 이름에서 따온 당호다. 이후 김정희는 40년 동안 완원과 교유했다. 김정희는 30대 이후에 추사보다 완당이란 호를 즐겨 사용했다. 완당은 김정희의 학문과 예술에 완원이 끼친 영향을 가늠해 볼 수 있는 호다.

김정희는 완원에 이어 청나라 원로학자 담계 옹방강과의 만남 이후 '보담재'라는 호를 지었다. '담계 옹방강을 보배롭게 여기고 받드는 서재'라는 뜻으로, 자신의 서재 이름을 보담재라고 하고 호로도 사용했다. 고서화와 금석문(탑본)을 수집하고 연구한 옹방강은 자신의 서고인 석묵서루를 김정희에게 보여 주었고, 자신이 소장하고 있던 서적, 서화, 금석문의 탑본 등을 선물로 주었다. 이곳에서 보고 선물로 받은 진귀한 서적과 금석학의 자료 등은 이후 금석학자 김정희에게 크나큰 영향을 끼쳤다.

김정희는 평생에 갖고 싶은 세 가지 중 중국의 단계 지방에서 나는 돌로 만든 단계연이라는 벼루를 첫 번째로 꼽았다. 세 개의 벼루를 뜻하는 '삼연재'나 '삼연노인', 오래된 벼루를 뜻하는 '고연재'라는 호를 통해 서예가 김정희의 벼루에 대한 애착을 엿볼 수 있다.

김정희는 30세에 초의 스님과 만나 평생을 교유하며 차를 선물로 받고, 차에 관한 편지를 주고받았다. 그런데 초의를 만나기 이전 청나라에 갔을 때 완원이 달여 준 당대 최고의 명차인 용단승설을 맛보았다. 이후 김정희는 '승설도인', '승설학인', '승설노인'이란 호를 짓고 사용했다. 또한 차의 갓 돋아난 어린싹을 따서 만든 맛이 쓴 차를 뜻하는 '고다암', '고다노인'이라는 호를 지어 썼다.

제주 유배에서 풀려나 한강 변 마포와 용산 등지에 살 때 지은 호도 있다. 한강 변을 정처 없이 날아다니는 갈매기를 자신과 동일시한 '삼십육구주인', '칠십이구당', '노구' 등의 호를 지었다. 또한 지금의 마포를 가리키는 삼호(三湖)를 따서 '삼호어수'라고 짓기도 했다. 삼호의 늙은 어부라는 뜻이다.

북청 유배에서 풀려나 생애 마지막 4년을 보낸 과천의 과지초당과 관련된 호도 있다. 과천의 늙은이란 뜻의 '과노'와 '노과', 과천의 농부라는 '과농', 과천의 집이라는 '과우'가 있다. 이외에 '과칠십'과 '칠십일과 노인'도 이 시기에 지은 호다. 죽기 사흘 전에 썼다는 봉은사 〈판전〉에는 '칠십일 세의 과천 늙은이'란 뜻의 '칠십일과'를 썼다.

　해붕 스님, 백파 스님과 불교에 대해 토론할 정도로 불교에도 해박한 지식을 갖고 있던 김정희는 이와 관련된 호를 지어 사용했다. '나산노인', '노가', '불노(佛奴)' 등은 불교와 관련된 호다. 이외에 '봉래산초', '소봉래' 등은 도교와 관련된 호다.

　김정희는 왜 그렇게 많은 호를 지어 썼을까. 김정희는 삶의 마디마디 자신이 처한 상황과 추구한 뜻을 드러내기 위해 그때그때 호를 지어 사용했을 것이다. 그래서 그의 호를 보면 최준호의 책 제목처럼 김정희는 그의 이름과 그가 지은 호처럼 살았고, 또한 그렇게 살고자 노력했

김정희 인장, 국립중앙박물관 소장

다. 그래서 오백여 가지나 된다는 김정희의 호를 다 알 수는 없지만, 지금까지 밝혀진 호를 통해서만이라도 그의 삶을 어느 정도 이해할 수 있다.

　SNS로 소통을 많이 하는 요즈음은 사람들이 나를 나타내는 프로필 사진이나 사진과 관련된 이름들을 많이 사용한다. 카톡이나 페이스북 등에서 대문 사진이나 글을 수시로 바꾸기도 한다. 그만큼 나를 나타내는 사진과 이름을 쓰고 싶은 것이다. 동호인들도 닉네임을 사용하며 소통한다. 그러고 보면 이들은 현대판 김정희라고 불러도 될까. 김정희를 디지털 시대의 선구자라고 부르면 지나친 비약일까.

　실제로 김정희는 오늘날 그렇게도 강조하는 창조와 혁신에 걸맞는 입고출신이나 법고창신을 주장했고 스스로 그 말을 증명해 보였다. 김정희는 '추사'처럼 살았고 '완당'처럼 살았다. 그리고 봉은사 판전 글씨를 쓰며 '칠십일과'의 삶을 마감했다. 김정희의 호는 그의 삶의 키워드였다.

김정희와 해붕의 공 논쟁

•

수락산 학림사

수락산 학림사(조선 시대에는 학림암으로 불렸다.) 가는 길은 멀었다. 천안에서 전철을 타고 서울역에서 다시 전철을 갈아타고 당고개역까지 세 시간 넘게 걸렸다. 학림사는 그곳에서 1.2km 정도 수락산을 오르면 나온다. 오월 중순에 접어든 때인지라 아카시아 향기가 향긋하게 코를 자극하더니 온몸에 스며든다. 207년 전인 1815년 겨울 김정희는 도포 자락 휘날리며 학림사에 올랐다. 나도 그의 발자취를 따라 그곳에 올랐다. 그때 추사는 해붕 스님을 만나러 갔고, 나는 그들이 나눈 법향을 맡기 위해 올랐다.

김정희가 해붕을 만나러 갔을 때 그곳에는 평생의 벗으로 지내게 되는 초의 선사가 있었다. 초의는 해남 대둔사(지금의 대흥사)에서 두물

머리 근처에 있는 수종사에 와 머물고 있었다. 그런데 당시 수종사는 퇴락하여 머물기가 어려운 상황이었다. 마침 수종사 근처에 살고 있던 벗 정학연이 해붕에게 부탁하여 초의를 학림사에 머물 수 있도록 주선해 주었다. 그래서 초의는 해붕을 모시고 학림사에 머물고 있었다. 이렇게 학림사에서 김정희, 해붕, 초의가 한자리에서 만나게 되었다.

추사와 해붕의 만남은 또 어떤 흔적을 남겼을까. 해붕과 추사 사이에 오갔던 이야기는 무엇이었을까. 그때로부터 40여 년 넘게 흐른 뒤인 1856년과 1861년에 김정희와 초의가 각각 쓴 글에서 1815년 그때 해붕과 추사가 나누었던 이야기의 대강을 알 수 있다.

해붕이 입적한 지 30년이 지난 1856년 해붕의 제자였던 호운이 김정희에게 편지를 보내 자기가 만든 해붕 대사의 영정에 화상찬을 써 달라고 부탁했다. 일면식도 없는 사람의 부탁이었지만 김정희는 41년 전 해붕과 나누었던 이야기를 떠올리며 호운에게 답장을 썼다. 답장의 일부는 이렇다.

> "해붕 대사는 나의 옛 벗이다. 그 뒤를 잇는 제자가 없다고 들었는데 아직도 영정을 만들어 공양하는 사람이 있는가. 영정을 만드는 일은 나의 뜻에 맞지는 않으나 신병을 무릅쓰고 글을 써 보낸다. 다른 경우라면 평생에 알지도 못하는 사람에게 어떻게 찬을 써 줄 수 있겠는가. 내 마음껏 써 내지는 못할 것 같다."

추사로 가는 길

모르는 사람의 부탁, 더군다나 영정에 찬을 쓰는 것은 마음 내키는 것은 아니나 그 옛날 해붕과의 인연을 고려하여 병중임에도 불구하고 써서 보낸다는 내용이다. 단 내 마음에 흡족하게 쓰지는 못할 것 같다고 여운을 남겼다. 김정희는 이 편지와 함께 호운이 부탁한 〈해붕대사화상찬(海鵬大師畵像贊)〉을 써서 호운에게 보냈다. 추사가 짓고 쓴 〈해붕대사 화상찬〉은 다음과 같다.

> "해붕의 공(空)은 오온개공(五蘊皆空)의 공이 아니요, 바로 제법의 공상(空相)으로 공즉시색의 공이다. 사람이 혹은 그를 공종(空宗)이라 이르는데 그렇지 않다. 혹은 진공(眞空)이라 이르는데 그럴 것도 같으나 나는 또 진이 그 공을 얽맨다면 또 해붕의 공은 아니다. 해붕의 공은 바로 해붕의 공이니 공이 대각(大覺)을 낳는다는 것은 바로 해붕이 어긋나게 풀이한 것이며 해붕의 공이 홀로 나아가고 홀로 통하는 것은 또 잘못된 이해 속에 있는 것이다. –중략–
>
> 지금도 기억되는 것은 붕은 눈이 가늘고 점 찍혀 파란 동자가 사람을 쏘니 비록 불이 꺼지고 재가 차도 파란 눈동자는 오히려 남았을 것이다. 삼십 년이 지난 지금 이 글을 보고 껄껄대어 크게 웃는 모습이 삼각산과 도봉산 사이에서 볼 때 같이 역력하리다. 1856년에 과천에 사는 일흔한 살의 늙은이 김정희가 쓰다."

이를 보면 추사는 해붕과 불교의 요체라 할 수 있는 공(空)에 대해 물러설 수 없는 토론을 벌인 것 같다. 첫 문장은 『반야심경』 앞부분에도 나오는 말이다. 삼십 년이 지났다는 것은 1826년에 입적한 해붕이 30년이 지난 지금(1856년) 김정희가 자기의 화상찬을 쓰는 것을 보고 지하에서 껄껄 웃을 거라는 것이다.

김정희와 해붕 그리고 초의는 그날 밤늦도록 토론했을 것 같은데, 토론의 결과는 어땠을까. 그 결과를 추측해 볼 수 있는 글이 초의가 1861년에 쓴 해붕대사 영정첩 발문이다.

호운은 김정희가 써서 보내 준 〈해붕대사화상찬〉과 해붕의 영정을 갖고 1861년 초의가 있던 해남 대둔사로 갔다. 초의는 한때 자기가 학림사에서 모셨던 해붕의 영정에 〈제해붕대사영정첩(題海鵬大師影幀帖)〉 발문을 썼다. 초의는 이 발문에 1815년 추사와 해붕 사이에 오갔던 대화를 간략하게 써 놓았다. 발문의 내용은 다음과 같다.

"지난 1815년 해붕 노화상을 모시고 수락산 학림암에서 동안거에 들어가 있을 때 하루는 완당 김정희가 눈길을 헤치고 노스님을 찾아와 공각의 소생에 대해 깊이 토론했다. 하룻밤을 보내고 돌아갈 때 노스님께서 글을 써 주었다. 이 글에 '그대는 집 밖을 쫓아다니고 나는 집안에 앉아 있네. 집 밖에 있는 것은 무엇인가. 집안에는 원래 번뇌가 없다.'라고 하셨다. 노스님이 거듭 전해 주신 조화로운 가르침은 생각해 볼 만하다."

추사로 가는 길

이 발문과 김정희가 쓴 화상찬을 통해 보면 추사와 해붕이 벌였던 토론의 주제는 불교의 공(空)인 것만은 확실하다. 결론은 어떻게 났을까. 토론을 벌인 지 41년이 지난 뒤 화상찬을 쓸 때까지도 김정희는 흔쾌히 해붕의 주장에 수긍하는 것 같지는 않다. 그런데 옆에서 두 사람의 대화를 듣던 심판 격인 초의는 해붕의 판정승을 선언한 것 같다. 초의가 쓴 발문의 마지막 문장인 "노스님이 거듭 전해 주신 조화로운 가르침은 생각해 볼 만하다."는 것은 추사와 해붕의 법력의 차이를 인정한 것은 아니었을까.

해붕은 순천 출신으로 선암사에서 출가하고, 최눌의 법인을 받았다. 선과 교에 정통하고 문장이 뛰어났으며 덕이 높았다. 『동사열전』에서는 해붕 대사를 노질·이학전·김각·심두영·이삼만·석의순 등과 더불어 호남칠고붕의 한 명으로 평가할 정도로 명성이 높았다. 이런 고승과 30세의 패기 넘치고 자부심으로 가득 찬 유학자 추사가 공에 대한 논쟁을 벌였던 것이다.

그런데 왜 공이었을까. 아마 당시에 교학에 밝았던 해붕이 대중들에게 공에 대한 법문을 자주 했었고, 그런 소식이 김정희에게까지 들어가지 않았을까. 그런데 당시 불교에도 박식했던 김정희는 자기가 알고 있던 공에 대한 지식과 해붕의 공 법문이 맞지 않다고 보고 해붕을 찾아가 토론을 벌인 것이다.

그런데 대체 불교의 공 사상은 무엇일까. 한 마디로 공의 진실을 알면 불교를 제대로 안다고 할 정도로 공은 불교의 핵심 사상이다. 사찰에서 예불을 할 때 항상 독송하는 『반야심경』의 핵심도 공이다. 김정희도 『반야심경』을 필사할 정도였으니 공에 대한 나름의 인식을 했다고 자부했을 것이다. 고증학자였던 김정희가 의미도 모르고 필사를 하지는 않았으리라 짐작된다.

『반야심경』은 '대자유의 언덕으로 건너간 크나큰 지혜의 골수를 말씀하신 경'이란 의미로, 관자재보살이 완전한 지혜를 수행한 결과 오온(五蘊, 존재의 5가지 구성요소)이 공한 것을 깨닫고 모든 고통에서 벗어나고, 이를 불제자 사리불에게 말하는 내용이다. 『반야심경』은 한마디로 공에 대한 법문이며 나아가 불교의 핵심이니, 추사와 해붕은 불교의 요체가 무엇인지를 토론했던 것이라 해도 과언이 아니다.

공은 간단히 말해 무아 즉 모든 존재에는 실체가 없다는 것이다. 실체가 없다는 말은 그 자체의 본성을 지니고 있지 않다는 것이다. 모든 것은 인연 화합으로 생기고, 또 변한다. 하나의 현상은 그것 아닌 것들이 모여서 이루어진다는 말과 같다. 공은 그러한 객관적 사실을 가리킨다. 그래서 불교에서 '공하다.'는 말은 '연기한다.'는 말과 같다.

그런데 연기나 공과 같은 불교의 핵심 교설은 단지 논리로만 이해해서는 도달하기 어렵다. 수행을 통한 깨달음을 통해 이를 수 있는 경지다. 스님들이 그 긴 기간 동안 사찰이나 토굴 등에서 간화선, 위빠사나와 사마타, 염불 수행 등을 하는 이유다.

초의가 〈제해붕대사영정첩〉 발문에서 해붕에게 손을 들어준 것은 해붕은 수행을 통해 공을 깨달았고, 김정희는 논리적으로 공을 이해했

서울 학림사

탑이 있는 곳이 원래 인법당이 있던 곳이다.

추사와 해붕은 인법당에서 공에 대해 토론했을 것이다.

다는 말과 다르지 않을 것이다. 불교는 수행을 통한 깨달음으로 대자
유의 저 언덕으로 넘어가는 가르침이지 단지 논리적인 알음알이로 아
는 지식이 아니라는 말이다.

우리나라에서 불교는 선과 교, 즉 선종과 교종이 시대마다 조금씩 다
르게 강조되어 왔다. 부처가 깨친 경지를 말로 표현한 것이 교이며, 부
처의 깨친 마음을 직접 보여 준 것이 선이다. 그러므로 '교'는 부처의 가
르침이고, '선'은 부처의 마음이다. 달을 가리키는 손가락이 교라면, 달

그 자체는 선이라고 볼 수 있다. 서산대사는 『선가귀감』에서 "말 없음 으로써 말 없는 데에 이르는 것이 선이고, 말로써 말 없는 데에 이르는 것이 교다. 마음은 선법이고, 말은 교법이다."라고 말했다.

선과 교에 정통했다는 해붕이 추사에게 해 주었다는 "그대는 집 밖을 쫓아다니고 나는 집안에 앉아 있네. 집 밖에 있는 것은 무엇인가. 집안 에는 원래 번뇌가 없다."는 말은 학예의 길에서 천재적이었던 김정희 에게 화두처럼 평생을 따라다녔을지도 모른다. 승려였던 초의와 평생 교유를 했던 것도 이와 무관치 않아 보인다. 이승에서의 마지막 몇 년 동안 과지초당과 봉은사를 오가며 보낸 것도 그렇다.

김정희는 젊었을 때부터 선보다는 교에 밝았다. 그래서 선을 수행하 더라도 교가 바탕이 되어야 한다고 생각했을 것이다. 추사가 스님들이 말문이 막히면 할과 방을 외친다고 비판했던 것도 이런 생각에서 나왔 을 것이다. 추사는 교를 넘어 선의 단계에 이르렀을까. 공의 이치를 깨 쳤을까. 해붕과 추사가 처음 만나 토론을 벌였던 학림사를 갔다 오면 서 들었던 생각이다.

제 이름을 되찾은 비

•

북한산 신라 진흥왕 순수비

산과 숲에서 살기 시작한 인류에게 산이 주는 기운은 많다. 지금은 산을 허물고 도시를 건설하고 시멘트로 지은 집에서 화려하게 살지만 우리 DNA 속에는 숲이 새겨져 있다. 산과 숲은 길고 긴 원시생활의 과정에서 생존의 터전이었으니 어쩌면 인류의 고향이 아닐까 싶다. 우리가 지금 산에 오르는 것은 고향에 가는 여정인지도 모른다. 산은 요즈음 말로 힐링의 공간이자 인간을 조건 없이 받아주는 너른 품이다.

한동안 자전거 타는 즐거움에 산에 오르는 걸 잊고 살았다. 그런 나에게 서울 북한산 비봉에 오르게 한 것은 추사 김정희다. 추사는 그곳에 세워져 있던 비가 북한산 신라 진흥왕 순수비라는 것을 고증하여 역사의 한 페이지에 기록하게 했다. 그 역사의 현장에 가기 위해 오랫동안 잊고 살았던 등산의 DNA를 깨웠다. 천안에서 청량리행 급행 전철을 타고 종로 3가에서 전철을 3호선으로 갈아타고 불광역까지 갔다. 그곳에서 북한산 비봉까지 걸어 올라갔다.

"1816년 7월 북한산. 무더위가 기승을 부리던 한여름. 두 젊은 선비가 북한산을 오르고 있었다. 그들이 오른 곳은 북한산의 비봉. 그들은 당시 서른한 살의 추사 김정희와 그의 친구였다. 두 사람은 비봉 정상의 어느 비석 앞에 섰다. 추사 김정희가 비석을 덮은 이끼를 벗겨내자 희미한 글자가 짚이기 시작했다. 놀랍게도 그것은 신라 진흥왕의 비석이었다. 1,200여 년 만에 진흥왕의 북한산 순수비가 실체를 드러내는 순간이었다."(KBS, 「역사스페셜」 18회)

김정희가 고증하기 전에 이 비석은 무학대사비로 알려져 있었다. 이중환이 『택리지』에 이 비석에 '무학오심도차(無學誤審到此, 무학이 길을 잘못 찾아 여기에 오다)'라는 글자가 새겨져 있다고 써 놓은 이후 이 비를 무학대사의 것으로 잘못 알고 있었던 것이다. 그런데 김정희가 친구인 금석학자 김경연과 함께 북한산 비봉에 올라 이 비를 탑본하여 내려와 분석하고, 다시 이듬해 6월 친구 조인영과 함께 올라 더 정밀하게 탑본하여 연구한 끝에 이 비가 북한산 신라 진흥왕 순수비라는 것을 밝혀냈다.

비문에는 진흥왕이 북한산을 둘러보고 돌아오는 길에 지나온 여러 고을에 세금을 면제해 주고 죄수들을 석방하도록 했다는 내용이 들어 있다. 처음 비석에 낀 이끼를 문질러 비문 일부를 보고 탑본한 김정희의 감과 금석학자로서 전문가다운 치밀한 연구가 일구어 낸 결과였다. 이로써 신라 진흥왕 순수비가 세상에 제 모습을 드러내게 되었다.

김정희는 그때의 벅찬 마음을 담아 자신이 이 비를 판독했다는 증거로 비의 왼쪽에 "이것은 신라 진흥대왕 순수비이다. 병자년 7월 김정희, 김경연이 와서 읽었다. 정축년 6월 8일 김정희, 조인영이 함께 와서 남아 있는 글자 68개를 면밀하게 살펴 정했다."라고 새겼다. 추사는 이 비를 568년에서 576년 사이에 세운 것으로 고증했다. 1,240여 년 만에 역사에 기록될 만한 사실을 밝혀냈으니 그때 김정희의 감흥과 자부심이 지금의 내게도 전해 온다.

지금 북한산 비봉에 세워져 있는 비석은 원래 이곳에 있던 진흥왕의 북한산 신라 진흥왕 순수비가 아니다. 이곳에 신라 진흥왕 순수비가 있었다는 것을 알려주기 위해 2006년 새로 만들어 세워 놓은 복제비이다. 국보 3호로 지정된 진품은 풍화로 인해 마멸이 심하여 1972년에 경복궁으로 옮겼다가 1986년 국립중앙박물관으로 옮겨 보관 전시하고 있다. 비의 실제 크기는 높이 154cm, 너비 69cm, 두께 16.7cm다. 윗부분의 글자가 보이지 않고, 제일 첫 번째 줄 '진흥태왕'으로 시작되는 글자가 200여 자 새겨져 있는데 120여 자 정도만 판독이 가능하다.

삼국 시대 고구려, 백제, 신라는 교류와 아울러 영토 확장과 통일을 위해 대립했다. 신라 진흥왕은 고구려와 백제를 물리치고 전략적 요충

지인 한강 이북까지 영토를 넓히고 네 지역에 순수비를 세웠다. 북한산 순수비, 창녕 순수비, 황초령과 마운령 순수비가 그것이다. 『삼국사기』에 "진흥왕이 북한산에 순행하여 영토를 개척하고 강역을 확정하였다."고 기록되어 있지만, 진흥왕이 국경에 비석을 세웠다는 내용은 없다. 그래서 진흥왕 순수비는 그것이 세워진 후 천 년이 훨씬 지나는 동안 사람들에게 알려지지 않았다.

진흥왕 시기 동맹을 맺거나 대립하고 있던 삼국은 모두 한강을 차지하기 위해 고심했다. 당시 100여 년에 걸쳐 나제동맹을 맺고 있던 신라와 백제는 고구려의 남하를 제지하기 위해 551년에 한강 상류와 하류 유역을 각각 차지했다. 그런데 2년이 지나지 않아 진흥왕은 나제동맹을 깨고 백제가 차지하고 있던 한강 하류를 점령했다.

이로써 신라는 영남의 작은 국가에서 백제, 고구려와 대등한 국가로 성장할 수 있는 교두보를 마련할 수 있었다. 서해를 통해서 중국까지 교류할 여건을 갖추었을 뿐만 아니라 경쟁국가들을 물리쳤다는 자부심은 삼국의 통일을 향해 나아갈 국가로서의 발판을 마련했다. 진흥왕에 의해 영토 확장이 이루어지고 100년 후에 신라에 의해 삼국통일이 이루어졌으니 삼국통일이라는 위대한 비전이 결실을 본 것이다.

김정희와 북한산 비봉에 함께 올랐던 조인영은 1840년 김정희가 탄핵 받고 국문을 당할 때 우의정에 올라 있었다. 그는 고문당해 목숨이 경각에 달린 김정희의 선처를 국왕에게 상소하여 제주에 유배하러 가는 데 결정적 역할을 했다. 죽음과 유배 사이에 친구 조인영이 있었다.

북한산 신라 진흥왕 순수비, 국립중앙박물관 소장

1,400여 년간 제 이름을 못 찾던 북한산 신라 진흥왕 순수비가 세상에 당당히 이름을 갖게 되는 데 김정희가 있었듯, 김정희는 조인영의 도움으로 추사체로 대변되는 김정희라는 이름을 역사에 진하게 남겼다.

북한산 비봉에 올라가는 길에 이른 점심을 먹으러 식당에 들어가서 물고기 육수로 끓인 국수를 시켰는데 할머니가 밥을 주셨다. 사연인즉 며느리가 육수를 어디에다 두었는지 몰라 국수를 못 주니 밥을 먹고 오르라고 했다. 대신 밥값은 안 받겠다고 했다. 연신 고맙다는 인사를 하고 비봉에 오르는데 험한 암봉이라 오르기가 만만찮았다. 웬 행운인지 마침 전문 산악인을 만나 그분의 안내를 받아 진흥왕 순수비가 있는 곳에 무사히 오를 수 있었다.

북한산 비봉을 오르며 1,450여 년 전의 진흥왕과 200여 년 전의 추사와 아득한 시간을 넘어 인연을 맺게 되었다.

그리고 음식점 할머니의 점심 공양을 받아 그 힘으로 오를 수 있었고, 산악인의 도움으로 무사히 비석을 만날 수 있었다. 그분들 덕분에 1,450여 년 전 한반도의 역사를 추체험할 수 있었다.

깨진 비석을 찾는 즐거움

•

경주 무장사 아미타조상비

여행만큼 사람을 두근거리게 하고 생각의 폭과 넓이를 확장시켜 주는 것도 드물다. 새로운 곳에서 맞닥뜨리는 문물은 인식의 지평을 넓혀 주기 때문일 것이다. 근대 유럽 귀족 자제들이 그리스와 로마 등지로 떠났던 그랜드 투어도 여행이 주는 가치를 알았기 때문이다.

우리나라도 특히 18세기에서 19세기 전반기까지 청나라 문물을 배우려는 지식인들이 청나라에 사신과 여행으로 갔고, 그 결과 새로운 학문과 사상이 국내에도 퍼지게 되고 북학파도 생겼다. 박제가로부터 청에 대한 동경을 키우던 김정희도 청나라 수도 연경을 다녀온 후 학예에 두드러진 변화가 나타났다.

추사 김정희는 꿈에 그리던 청나라에 가서 많은 학예인을 만났다. 그중 옹방강과 완원은 김정희의 학예에 큰 영향을 끼쳤다. 제주 유배 시절 김정희는 "담계는 '옛 경전을 즐긴다.'고 말했고, 운대는 '남이 그렇다고 말해도 나 또한 그렇다고 말하지 않는다.'고 했으니 두 분의 말씀이 나의 평생을 다한 것이다."라고 말했다. 옹방강과 완원의 만남이 추사의 학문과 예술의 방향을 정할 정도로 영향을 끼쳤다는 것을 고백하고 있다. 김정희에게 옹방강과 완원은 운명 같은 만남이었다.

옹방강은 당시 경학의 대가로 금석학자이자 서예가였고, 완원은 '청조 문화를 완성하는 데 절대적인 공로자'라는 평을 들었으니 이 두 사람의 만남이 김정희에게 끼쳤을 영향을 짐작할 수 있다. 옹방강과 완원 또한 김정희를 만나 보고 그의 박식함과 총명함에 놀랐다. 그래서 24세의 조선의 젊은 학자 김정희는 청나라 원로 대학자들의 제자가 되고 서신 등을 통해 교유하며 큰 영향을 받았다. 그래서 귀국 후 추사의 학예 연찬은 경학, 고증학, 금석학을 중심으로 이루어졌다.

여기에 완원의 아들 완상생, 옹방강의 아들 옹수곤과도 교유를 넓혀 갔다. 특히 옹수곤과는 깊이 친교를 맺었다. 금석학자였던 옹수곤은 김정희에게 조선의 금석 탑본을 보내 달라고 하여 연구하였다. 그러나 그들의 교유는 6년 만에 끝났다. 옹수곤이 30세 때인 1815년에 죽었기 때문이다.

옹수곤이 죽은 다음 해인 1816년과 1817년에 걸쳐 북한산 신라 진흥왕 순수비 고증을 마친 김정희는 같은 해인 1817년 경주 암곡동에 있는 무장사를 답사했다. 무장사는 태종무열왕이 전쟁을 끝낸다는 상징으로 투구를 감춘 절이라 하여 무장사란 이름을 얻었다고 전해진다. 신라 소성왕의 왕비 계화왕후가 즉위 1년 만에 죽은 소성왕의 명복을 빌기 위해 무장사 아미타전에 아미타불을 봉헌하고 그 과정과 내용을 새긴 아미타조상비를 세웠다. 그 비문을 쓴 사람이 당대 명필인 김생이었다.

그런데 무장사가 폐사되고 아미타조상비도 파손되어 흩어져 세인의 관심에서 사라진 상태였다. 이러한 사실이 금석학자이자 서예가인 김정희에게 그곳을 찾아가는 동기가 되었을 것이다. 그런데 김정희가 무장사를 찾아가기 이전인 18세기 말 이미 경주 부윤이었던 홍양호가 비문의 일부를 탑본한 적이 있었는데, 김정희는 이 탑본을 청나라 옹방강에게 보냈었다. 이때 그의 아들인 옹수곤이 이 탑본을 보고 "왕희지의 좋은 글씨 283자와 반(半)자를 얻었다."고 높이 평가했다고 한다. 그런데 1817년 추사는 홍양호가 탑본한 비석 이외에 깨져 없어진 비편을 찾기 위해 무장사를 갔다.

심마니의 눈에 산삼이 보이듯이 금석학자의 눈에는 비편이 보였나 보다. 그곳에 갔던 김정희는 비편 하나를 발견했는데 그게 바로 그가 찾던 무장사 아미타조상비였다. 그래서 김정희는 그 비편에 "내가 두세 번 쓰다듬어 보니 옹수곤이 하단을 보지 못한 것이 유감스럽구나. 어떻게 하면 옹수곤을 지하에서 일으켜서 이 금석의 인연을 같이할 것인가. 정축년(1817) 4월 29일 정희는 또 써 놓고 탑본을 해서 간다."라고 새겼다. 최열은 '일개 유생이었던 추사가 이 아미타조상비에 글을 새겨 넣은 것은 대담한 행위이고, 이 비와 아무 관련도 없는 중국 사람 옹수곤이란 이름을 새겨 넣은 것이 의문'이라고 했다.

그렇게 한 김정희의 마음을 알 수 없지만 헤아려지기는 한다. 옹수곤은 죽기 전 김정희가 그의 아버지 옹방강에게 보낸 아미타조상비 탑본을 보고 높이 평가한 적이 있었다. 그런데 옹수곤이 죽은 지 2년 후인 1817년 금석학자 추사는 또 다른 무장사 아미타조상비 일부를 새로 발견하고 탑본한 것을 금석학자인 옹수곤에게 보여 주지 못한 아쉬움을 비편에 새겨 넣은 것은 아니었을까 싶다. 금석학에 높은 식견을 갖춘 옹수곤에게 보여 주고 싶었던 마음을 비편에 새겨 넣은 것인지도 모를 일이다. 같은 금석학자로서 옹수곤과 지적 희열을 느끼고 싶었을 것이다. 그 비편을 찾았을 때 유레카를 외쳤을 추사의 모습이 상상으로 떠오른다.

나는 2021년에 『삼국유사』에 등장하는 곳들을 답사하고 기행문을 쓰는 즐거움을 누렸다. 단풍이 곱게 물들었던 가을날 찾아갔던 무장사지에서 본 탑의 장중함과 안정감에 매료되었다. 그때 내 눈에는 탑이 돋보였고 아미타조상비는 마음에 크게 와닿지 않았다. 이번에는 국립중앙박물관에서 무장사 아미타조상비 비편을 발견하는 기쁨을 누렸다. 김정희만큼은 아니었을지라도 나도 유레카를 외쳤다.

무장사 아미타조상비 비편, 국립중앙박물관 소장
가장 큰 비편은 홍양호가 발견한 것이고, 작은 비편들은 김정희가 발견한 것이다.

그게 무슨 잘못인가요

●

서산 김정희 영세불망비

운명은 필연인가 우연인가. 필연 같은 우연도 있고 우연 같은 필연
도 있다. 운명과 함께 따라다니는 인연도 순연과 악연이 있다. 순연과
악연은 생각과 말과 행위로 지은 업의 결과인가. 아니면 부지불식간에
찾아오는 것인가. 조선 후기 악연으로 인생의 행로가 바뀌고 고통스러
운 운명을 극복하여 새로운 세계를 펼친 사람 중의 한 명이 김정희다.

서산시 대산종합시장 건너편 산기슭(서산시 대산읍 대산리 1365-8)에
는 여러 개의 비석이 있다. 그중에서 맨 오른쪽에 있는 비가 1826년 9월
에 이곳 백성들이 세운 암행어사 김정희 영세불망비다. 영세불망비는
'은덕을 영원토록 잊지 못한다.'는 뜻이니, 이 비석은 당시 암행어사로
이곳을 다녀간 추사의 공덕에 감사하는 마음을 새겨 놓은 비석이다.

추사로 가는 길

당시 어사 김정희가 평신첨사 관할이었던 대산에 와서 살펴보니 첨사가 부당하고 과중하게 세금을 징수하여 백성들의 부담이 과중하다는 것을 파악했다. 그래서 이를 일일이 가려내어 백성들에게 돌려주고 다시는 이러한 폐단이 없도록 조치했다. 이러한 선정에 감격한 백성들이 그 음덕을 영구히 기리기 위하여 자발적으로 이 영세불망비를 세웠다. 비 이름 왼쪽에 새긴 '영원히 가렴주구를 막아 주었다.'는 말을 통해 이 비를 세운 뜻을 알 수 있다.

당시 서산시 대산읍 화곡리 반곡마을에는 해안 방어를 위한 평신진이 설치되어 있었다. 평신진은 충청도 북서부 해안을 수호한 진으로, 종3품의 첨사가 관할했다. 특히 서산 지역은 세곡미 등 각종 물자를 운송하는 조운의 주요 경유지로, 이를 운반하는 배의 보호는 평신진의 주요 임무였다. 즉 평신진은 조선 후기 삼남 지방의 원활한 양곡 수송과 왜구 방어를 관장하던 거점 진지였다. 이러한 평신진의 첨사가 관리하던 대산 지방에서 어사 김정희가 민정을 살피고 어려운 것들을 해결해 주었다.

김정희는 41세 때인 1826년 2월 20일 순조로부터 충청우도 즉 지금의 충청남도 암행어사 임명장을 받고 110여 일 동안 대산 지방을 포함한 각 고을의 읍내와 시장의 중요한 곳, 산골짜기와 외딴 섬까지 두루 찾아다니며 민정을 살피는 암행감찰을 했다. 김정희가 어사로서 110여 일 동안 암행한 곳은 서산군, 태안군, 예산현, 남포현, 안면도, 안흥굴포, 보령현, 한산군, 청양현, 노성현, 진잠현, 결성현, 비인현의 13곳이다.

암행어사 김정희는 위에 열거한 열세 곳을 감찰하고 그해 6월 24일 자로 보고서를 올렸다. 그 보고서에서 김정희는 지방관인 군수와 현감들의 비리를 적어 보고했다. 이 보고서에 의해 대부분의 군수와 현감들이 체포, 구금, 문초를 받고 크고 작은 처벌을 받았다.

그런데 그들 중 비인 현감이던 김우명이 훗날 추사의 아버지 김노경을 탄핵하여 유배 가게 만들고, 추사를 인신공격하는 복수를 감행했다. 김정희가 부패한 지방관에게 들이댄 정의의 칼날이 역으로 복수라는 부메랑으로 돌아와 김정희 부자에게 운명의 방향을 돌려놓았다.

암행어사 김정희의 감찰로 1826년 파직을 당했던 비인 현감 김우명이 1830년 8월 사헌부 장령으로 복귀한 후 김노경을 탄핵했다. 순조의 아들로 3년여 동안 병중이던 순조를 대신해 대리청정하던 효명세자가 1830년 5월 요절했는데, 김노경이 효명세자를 보위하면서 아부를 했다는 것이 탄핵의 내용이었다. 한마디로 사감을 갖고 인신공격을 한 탄핵이었다. 이 탄핵은 단지 김우명의 사적 감정만 있었던 것은 아니었다. 당시 집권세력의 주도권 다툼이 얽혀 있었다.

효명세자는 대리청정 동안 김조순을 중심으로 한 안동 김씨 세도 정권을 견제하기 위해 풍양 조씨 조인영과 김노경 등을 중용했는데, 효명세자가 죽자 안동 김씨 세력은 김우명을 사주해 김노경을 탄핵했다. 이에 대해 순조는 탄핵에 사적 감정이 들어 있다고 보고 김우명에게 삭탈관직이란 처벌을 내리고 마무리하려고 했다. 또한 김노경이 탄핵당할 때 자하 신위도 윤상도에 의해 탄핵을 당했는데, 순조는 오히려 탄핵한 윤상도를 추자도에 유배 보내는 처벌을 했다.

순조의 이러한 조치에도 불구하고 김우명의 탄핵에 대해 사간원, 사헌부, 홍문관도 나서서 '김노경이 윤상도란 자를 배후에서 조종했다.'는 것 등을 추가로 들어 탄핵에 가담했고, 삼정승까지 나서서 처벌을 요구하자 순조는 할 수 없이 김노경을 그해 10월 완도의 고금도에 유배보냈다.

서산 김정희 영세불망비

김우명은 김노경을 탄핵할 때 김정희를 인신공격했다. '김노경의 요사스러운 아들 김정희는 늘 반대만 일삼으며 교활하게 세상을 살아가며 인륜을 허물어뜨린다.'는 것이다. 김정희에게 당한 수모를 이렇게 복수했다. 동부승지를 사임한 김정희는 고금도에 유배 가는 아버지 김노경을 따라가 일 년여 동안 모셨다.

이러한 김우명과 윤상도의 탄핵이 10년 뒤 추사 김정희가 제주로 유배 가는 원인이 되었으니 질기고 질긴 악연 중의 악연이었다. 김정희가 55세 때인 1840년 7월 10일 대사헌 김홍근이 사직하면서 윤상도 사건을 재론하고 김정희와 김노경을 탄핵하였으니 말이다. 그때 김노경은 4년 전에 죽었고, 윤상도는 추자도에서 유배형을 받고 있는데 새삼스럽게 윤상도 사건을 들고나온 것이다. 두 사람은 당시 임금인 '헌종과 요절한 효명세자의 죄인'이라는 것이다.

그때 헌종 대신 수렴청정하던 순원왕후가 이를 받아들여 탄핵 다음 날인 7월 10일 김정희에게 삭탈관직 처분을 내리고, 유배 중인 윤상도를 불러와 국문을 시작했다. 윤상도 탄핵 사건을 다시 조사하는 과정에서 윤상도 배후에 대사헌 김양순이 있다는 것이 밝혀졌고, 김양순은 김정희가 사주하여 한 일이라고 했다. 그러자 예산 추사 고택으로 내려가 있던 김정희를 8월 20일 압송하여 김양순과 함께 국문했다. 이때 김양순은 곤장을 맞고 죽었고, 김정희는 여섯 차례 고문과 서른여섯 대의 곤장을 맞았다.

김정희는 고문과 곤장으로 죽기 일보 직전에 자하 신위 출신의 동문이자 북한산 비봉에 함께 올라 신라 진흥왕 순수비를 밝혀낸 우의정 조인영의 상소로 헌종이 '사형을 줄이고 제주 대정현에 위리안치하라.'고 하교하면서 살아났다. 질기고 질긴 악연의 결과가 김정희의 유배형으로 일단락되었다.

한때 미국 하버드대 마이클 샌델의 『정의란 무엇인가』란 책이 인기를 끌었던 적이 있었다. 당시 정의롭지 못한 일들이 많았기에 사람들의 마음을 움직였을 것이다. 정의는 개인이나 집단의 구성원들이 공동체 유지를 위해 추구하는 가치 중의 하나다.

공자는 "정치는 바르게 하는 것이다."(『논어』, 안연편 제17장)라고 했다. 위정자들이 신조로 삼을 만한 말이다. 당시 김정희도 위정자의 한 사람으로 바름을 직책을 수행하는 모토로 삼았을 것이다. 백성을 다스리는 목민관을 감찰하는 암행어사인 김정희로서는 더욱더 바름을 추상같이 적용해야 했을 것이다. 그런데 그것이 자기를 무너뜨리는 복수의 비수로 돌아올 줄은 꿈에도 몰랐을 것이다.

그런데 유배 이후의 삶이 증명하듯 그 복수의 결과 견뎌 낼 수밖에 없던 인고의 세월은 역설적이게도 김정희를 새로운 세계로 나가게 하는 부화의 시간이었다. 추사체의 골격이 제주 유배 기간의 숙성을 거쳐 세상에 모습을 드러냈으니 말이다. 김정희 하면 떠오르는 그의 호 추사와 추사체는 김정희의 정체성을 함축적으로 표현하는 말이다.

인생행로에서 순연만 있어야 좋은 것인가. 악연도 길게 보면 꼭 나쁜 것만은 아닐 수도 있다. 역경은 사람을 대인 또는 대가로 도약할 절호의 기회이기도 하다. 우연인지 필연인지, 악연인지 순연인지는 내 마음이 만드는 것인가. 서산시 대산읍 길옆에 서 있는 '어사 김정희 영세불망비'를 보고 떠오른 이런저런 상념이다. 어사 김정희 영세불망비는 후세인들에게 잊지 말아야 하는 그 무엇을 무언으로 가르쳐 주는 표지석인지도 모른다.

추사로 가는 길

시련과 성숙

제주에 들어가고 나온 문

•

제주 화북진과 해신사

제주 화북진(화북포구)은 조선 시대 조천포구와 함께 제주의 관문 역할을 했던 곳이다. 제주로 유배형을 받은 사람들이 대부분 이곳을 통해 제주로 들어왔다. 화북진성은 1678년 최관 목사에 의해 설치됐고 동문과 서문이 있었다. 1699년에는 남지훈 목사가 객사인 환풍정을 짓고 북성 위에는 망양정을 건립했다. 182년 전 제주 유배형을 받은 김정희가 처음 제주에 도착한 곳도 화북진이었다.

김정희는 1840년 9월 4일 '제주 대정에 위리안치하라.'는 유배형을 받고 9월 20일 해남 대둔사에 도착했다. 초의와 대흥사의 암자였던 일지암에서 하룻밤을 묵은 다음 9월 21일 대둔사를 떠나 해남 이진포에 내렸다. 9월 27일 아침 제주를 향해 이진포를 출발하여 그날 저녁 제주

추사로 가는 길

화북진에 당도했다.

초의는 제주로 유배 가는 추사를 해남 이진포에서 배웅하고, 〈제주
화북진도(濟州華北津圖)〉를 그려 추사에게 보냈다. 그림에 써 넣은 화
제는 다음과 같다.

"도광 20년(1840) 9월 20일 해거름에 추사공이 일지암의 내
처소에 들러 머무르셨다. 공은 9월 2일 한성을 떠나 늦게 해
남에 도착하셨는데, 앞서서 공은 영어의 몸으로 죄 없이 태
장을 맞은 일이 있어서 몸에 참혹한 형을 입어 안색이 초췌
했다. 이런 가운데 제주 화북진에 정배한다는 명을 받아, 길
을 나선 틈에 빈도의 처소인 일지암에 도착한 것이다. 평시
에 공은 나와 더불어 신의가 두터워 서로 사모하고 아끼는
도리를 잊지 않았는데, 갑자기 지나는 길에 머무르게 되니,
불행 중에 다행한 일이다. 산차를 마시며 밤이 새도록 세상
돌아가는 형세와 달마대사의 관심론과 혈맥론을 담론함에
앞뒤로 모든 뜻을 통달하여 빠짐없이 금방금방 대답하는 것
이었다. 몸에 형벌의 상처를 입었으나 매번 지중한 임금의
은혜를 칭송하고 백성들에게 처한 괴로움을 자신의 괴로움
인 양 중히 여기니 참으로 군자라고 할 만하다. 하늘은 어찌
하여 군자를 보호하지 않고, 땅은 어찌하여 크나큰 선비의
뜻을 길러주지 않아, 이처럼 곤경에 떨어지게 하여 기회를

빼앗아 버리는가. 탄식하고 또 탄식할 만한 일이로다. 이튿날 공은 적소로 떠나니 공의 원망스러운 귀양살이에 눈물 흘리며 비로소 제주화북진도 한 폭을 그려 이로써 나의 충정을 표한다. 도광 29년 9월 23일 초의 의순은 낙관하지 않고 예를 갖춰 그리노라."

초의는 이 〈제주화북진도〉를 어디서 그려서 추사에게 주었을까. 양진건은 초의가 추사를 배웅하고 일지암에 돌아와서 그려 보냈다고 했다. 박동춘은 추사가 이진포에서 배를 기다리는 동안 초의가 이 그림을 그려 추사에게 주었을 것이라고 했다. 일지암에 돌아와서 이 그림을 그려 추사가 이진포를 떠나기 전에 주었을까, 이진포에서 추사와 함께 배를 기다리며 이 그림을 그려 주었을까. 어쨌든 초의는 이 그림을 김정희가 제주로 떠나기 전에 그렸고, 김정희와 함께 제주 화북진에 가서 보고 그린 것은 아니었다.

그렇다면 이 그림은 제주 화북진의 실경이 아니라, 초의가 김정희의 제주 무사 도착을 기원하는 그림이 아니었을까. 그림의 화제에서 보이는 초의의 김정희에 대한 마음이 절절하게 다가온다. 초의가 말한 대로 "신의가 두터워 서로 사모하고 아끼는 도리를 잊지 않았던" 두 사람의 관계가 참으로 아름답다. 금란지교는 이런 걸 두고 이르는 말일 게다.

그래서인지는 몰라도 추사는 배에 탄 다른 사람들과 달리 뱃멀미를 하지 않았고, 배도 풍랑을 만나 표류하지도 않고 하룻낮 동안에 무사히 제주 화북진에 도착했다. 추사는 배를 타고 제주에 가던 상황을 1840년 10월 권돈인에게 다음과 같이 편지에 써서 보냈다.

> "제가 9월 27일에 비로소 배에 올랐는데 아침에는 배가 꽤 잔잔하더니 낮에는 바람이 사납게 불어 배가 요동치므로 배에 탄 사람들이 모두 허둥지둥하며 현기증이 나서 구르고 자빠지고 하였습니다. 그런데 저는 혼자 뱃머리에서 아무 탈 없이 조용하게 있었습니다. 해가 떠서 출발하여 석양에 목적지에 당도하니, 제주 사람들이 모두 '북쪽 배가 날아서 건너왔다.'고 하였습니다."

초의의 기록과는 좀 다르게 실제로 김정희는 해남 이진포에서 9월 27일 제주도로 떠났다고 편지에 썼다. 바다의 풍랑이 "꽤나 사납고 날카로워 파도가 거세게 일어 배가 파도를 따라 올라갔다 내려갔다."(1840년 10월, 아우 김명희에게 보낸 편지)고 할 정도로 바다의 풍랑이 거셌지만 출발한 지 하루 만에 제주 화북진에 무사히 도착했다. 유배지 가는 길에 거친 풍랑을 만나 표류하지 않고, 제주 사람도 놀랄 정도로 빨리 건너갔으니 얼마나 다행인가. 김정희의 말대로 "왕령(王靈)이 보호한 덕분"이었는지 선장의 운행 기술이 좋았는지는 모르겠다.

"태장을 맞은 일이 있어서 몸에 참혹한 형을 입어 안색이 초췌"하였지만, 의연했다. 김정희는 제주 화북진에 도착한 당시의 모습을 「제주의 화북진을 지나며」라는 시로 남겼다. "마을 안 아이들이 무얼 보려 모였는가/ 귀양 가는 내 얼굴이 너무나도 가증스러운데/ 마침내 백 번 꺾이고 천 번 갈렸어도/ 남극성만 한 은혜가 바다 위에 빛나 파도치지 않았네."

초의가 말한 대로 김정희는 추사는 심한 고문과 매질, 억울함으로 몸이 '백 번 꺾이고 천 번 갈려' 아픈데도 임금의 은혜에 감사한다고 말했다. 군자다운 자세를 지키려고 한 듯하다. 군자는 조선의 양반 사대부들이 추구한 인간상 아니던가. 초의가 〈제주화북진도〉 화제에서 "몸에 형벌의 상처를 입었으나 매번 지중한 임금의 은혜를 칭송하고 백성들에게 처한 괴로움을 자신의 괴로움인 양 중히 여기니 참으로 군자라고 할 만하다."고 한 말과 다르지 않다.

초의가 그려 김정희에게 준 〈제주화북진도〉는 금란지교를 맺은 벗이 주는 위로의 말이다. 돌아올 기약 없이 먼 길을 떠나는 추사에게 '걱정 마세요. 그곳에서 다시 일어설 수 있어요.'라고 희망과 용기를 주는 그림이다. 또한 '백 번 꺾이고 천 번 갈렸음에도 임금의 은혜를 칭송하고 백성의 괴로움을 자기의 괴로움으로 여기는 군자(추사)를 굽어 살펴달라.'는 초의의 탄원서였는지도 모른다.

1848년 12월 6일 헌종은 '김정희를 석방하라.'는 명을 내렸다. 1840년 9월 4일 '김정희를 대정현에 위리안치하라.'는 명을 받은 지 8년 3개월이 지나 추사는 자유의 몸이 되었다. 추사는 석방 소식을 12월 19일에 듣고 짐을 꾸렸다. 1849년 2월 15일 화북진에 도착하고 2월 26일 화북진을 출발하여 이틀 뒤에 해남 대둔사에 도착하여 평생의 벗 초의를 만났다.

제주 해신사

화북진 포구에 도착한 김정희는 십여 일이 지나서야 배를 탈 수 있었다. 제주에 올 때와는 다르게 풍랑이 크게 일어 출항하지 못한 것 같다. 그래서였는지 김정희는 화북진 인근에 있는 해신사에 무사 귀환을 바라는 제문인 '제남해신문(祭南海神文)'을 두 편 지어 올렸다. 제문은 구절마다 무사 귀환을 염원하는 마음이 배어 있다. '제남해신문'은 다시 못 올 제주에 대한 이별 통지문이었는지도 모른다.

수성초당과 귤중옥

•

제주 유배 적거지

김정희의 제주 유배지는 대정이었다. 처음 대정에 도착하여 머문 적 거지는 대정 읍성 안동네에 있는 군교 송계순의 집(현재 대정읍 안성 리 1657-1번지 부근)이었다. 김정희는 아우 김명희에게 보낸 편지에서 이 집에 대해 자세히 묘사했다.

"이 집은 읍 밑에서 약간 나은 집인데다 꽤 잘 닦아 놓았다. 온돌방은 한 칸인데 남쪽으로 향하여 가느다란 툇마루가 있 고 동쪽으로는 작은 부엌이 있으며 그 북쪽에 또 두 칸의 부 엌이 있고 곳간 한 칸이 있다. 이것은 바깥채이고 또 안채와 같은 것이 있는데 그곳에는 예전대로 주인에게 들어가 거처

추사로 가는 길

하도록 하였다."

송계순의 집은 안채와 바깥채로 구성되어 있고 그 각각에 부엌이 딸린 형태였다. 추사는 그중 바깥채를 사용했다. 추사는 위리안치 유배형을 받았기에 바깥채에 가시울타리를 치고 유배 생활을 시작하였다. 권돈인에게 보낸 편지에서 "그런대로 울타리 밑에서나마 밥을 지어 먹을 수가 있으니 분수에 지나칩니다. 그런데 앞으로는 또 어떻게 지낼지 모르겠습니다."라며 위리안치 당한 자신의 처연한 심정을 내비치고 있다.

유배인이 오면 관에서 생활할 곳을 미리 마련해 주는 관례대로 송계순의 집이 추사의 적거지로 정해졌고, 송계순은 유배인 추사를 맞기 위해 관의 명령으로 미리 집을 고치고 살림 도구와 여러 물건 등을 미리 갖춘 것으로 보인다. 김정희가 동생에게 보낸 편지 내용 중 '꽤나 잘 닦아 놓았다.'라는 말에서도 짐작된다.

추사는 송계순의 집에서 유배 생활을 한 지 2년 후인 1842년 인근에 있는 강도순의 집(현 서귀포시 대정읍 추사로 44)으로 옮겨 살았다. 이 집은 송계순의 집보다는 사랑채가 있는 것으로 보아 좀 더 컸던 것 같다. 추사는 이곳을 귤중옥(橘中屋)이라고 했다. 추사는 「귤중옥서(橘中屋序)」에서 이 이름을 붙인 내력을 밝혔다.

"매화, 대나무, 연꽃, 국화는 어디에나 있지만 귤만은 오직 내 고을에만 있다. 껍질 색은 깨끗하고 속은 희며 문채(광채)는 푸르고 노랗다. 우뚝 선 지조와 꽃같이 향기로운 덕은 다른 것들과 비교할 수가 없어, 나는 이것으로 내 집의 편액으로 삼는다."

「귤중옥서」는 김정희가 자신의 처지와 너무나도 비슷한 중국 전국 시대 초나라의 정치가이자 시인인 굴원이 강남으로 유배 갔을 때 지은 「귤송」을 본받아 쓴 것이라고 한다. 김정희는 '우뚝 선 지조와 꽃같이 향기로운 덕은 다른 것들과 비교할 수가 없다.'고 하면서 타인과 비교할 수 없는 자신의 지조와 덕을 은연히 내비친 것이 아닐까. 오창림의 말처럼 김정희의 「귤중옥서」는 '귤의 물성에 빗대어 자신의 결백과 변함없는 충성심을 주장하는 일종의 항소이유서'인지도 모른다.

김정희의 적거지인 강도순의 집 근처에 귤 과수원이 있었고, 추사는 '동정귤, 당금귤, 소귤, 금귤이 상품이며 별귤은 품종이 가장 귀하나 종자가 몹시 드물어서'라고 할 정도로 13가지 귤의 종류를 구분했다고 한다. 자신의 적거지를 귤중옥으로 지을 정도로 귤 사랑이 대단했던 것 같다. 지금이야 귤이 흔한 과일의 한 종류가 되었지만 풍토가 다른 유배지에서 처음 보고 감탄했을 김정희의 모습이 연상된다.

김정희의 유배살이에 대한 헌종의 물음에 "밤낮 마음 놓고 편히 자지도 못하며, 숨이 경각에 달려 얼마 보전하지 못할 것 같다."는 제자 허련의 대답처럼 고통스러운 유배의 아픔을 달콤한 귤 맛과 향기로 달래려 했던가. 척박한 땅에서 자란 포도나무에서 거둔 포도에서 최상품의

와인이 탄생하듯 적거지에서 피운 아름다운 법고창신의 문자향이 향기로운 귤 향과 어울려 대정 하늘에 고요히 피어올랐다.

그런데 김정희의 적거지인 귤중옥에 들르는 사람들은 '수성초당(壽星草堂)'으로 불렀다. 수성은 글자에서 알 수 있듯이 인간의 수명을 관장한다는 남극성이다. 적거지에서 추사를 만나 영향을 받은 이한우는 '추사 선생의 수성초당에 부쳐'라는 시 한 편을 썼다. "천 리 밖 남쪽 바다 초가집 한 채/ 성은이 허락하여 수성을 볼 수 있네/ 외로운 마음에 밤마다 향을 사르고 앉아/ 감격하여 울적마다 흰 머리털이 생겨나네."

김정희가 유배 생활을 했던 강도순의 집은 1948년 제주 4·3사건 때 불에 타 없어졌다. 집터만 남은 채 오랫동안 경작지로 이용되다가 1984년에 강도순 증손자의 고증에 따라 복원되었다. (오창림은, "추사의 2차 적거지인 강도순의 집은 당시 24세였던 강도순의 할아버지 강효검의 집이었으므로 강효검의 집으로 불러야 한다."고 주장했다. 이상에서는 익히 알려진 대로 강도순의 집으로 썼다.) 지금 볼 수 있는 김정희 유배지인 추사 적거지가 바로 이곳이다.

김정희 적거지 앞에는 '추사김선생적려유허비'가 세워져 있다. 김정희가 위리안치 유배형을 살았던 곳을 알려주는 표지석이다. 이 비는 학예일치의 삶을 살았던 유배인 김정희라는 역사적 인물의 옛 자취를 밝혀 후세에 알리고자 세운 것이다.

또한 이 비는 자기만의 독특한 세계를 구축하여 후세에 불멸의 이름

제주 김정희 유배 적거지
정면에 있는 집이 별채, 오른쪽이 바깥채, 왼쪽이 안채다.
김정희는 별채에서 생활하고 바깥채에서는 제자들을 가르쳤다.
안채는 주인이자 제자인 강도순이 살았다.

을 남긴 사람의 이름표이다. 후세인은 붕당이 당쟁으로 이어지고 세도
정치가 판을 치는 질곡의 시대를 헤쳐 나간 강인한 인간을 불러 세워 놓
고 오늘의 우리를 돌아보고 싶어 이 비를 세워 놓았을 것이다. 내가 살
고 있는 지금 사회가 앞으로 더 좋은 세상으로 달라지기를 바라면서.

수성초당은 고난에 처한 한 인간이 새롭게 태어나 장수하길 바라는
사람들이 지어 준 이름이 아니었을까. 귤중옥은 귤중옥(橘中獄)에서
해방되기를 염원하며 지은 이름일 것이다. 마침내 김정희는 귤중옥에
서 벗어나 밤하늘의 별이 되어 오랫동안 빛나고 있다.

추사로 가는 길

동병상련

•

제주 정온유허비

　김정희 유배지로 알려진 제주 대정에는 모슬포항이 있는데 바람이 너무 세게 불어 속설에는 '몹쓸 포' 또는 '못 쓸 포'로 불렸다고 한다. 사실 여부를 떠나 대정은 제주항이었던 화북진에서도 가장 먼 데 있는 오지 중의 하나였고, 그래서 제주 유배지 중에서도 유배 환경이 좋지 않은 곳이었다. 이곳에 유배하러 왔다가 제주 오현으로 추앙되어 귤림선원에 배향된 사람이 동계 정온이다.

　정온은 광해군 때 영창대군의 죽음이 부당하다고 상소했고, 나아가 영창대군의 죽음에 가해자인 강화부사 정항을 참수하라고 주장하다가 광해군의 노여움을 사 1614년에 제주에 유배되었다. 정온은 유배 생활 중에 『덕변록』과 『망북두시』, 『망백운가』를 지어 우국충정의 마음을 토로했고, 자신을 고고자(鼓鼓子)로 불렀다.

그는 1623년 인조반정으로 10년 만에 해배 되어 사간·이조참의 등의 관직에 올랐다. 1636년 병자호란 때 이조참판이었던 그는 김상헌과 함께 척화를 주장하였지만 청나라에 굴복하는 화의가 이루어지자 자결을 시도했다. 이후 모든 관직을 사직하고 경남 거창으로 낙향했다.

그는 유배 중에도 학문에 힘썼고 제주 사람들에게 글을 가르쳤다. 이 때문에 제주에서는 김정, 송인수, 김상헌, 송시열과 함께 제주 교학 발전에 공헌한 제주 오현으로 귤림서원에 배향되었다.

대정에 유배하러 온 김정희는 같은 사대부 양반으로 226년 전 이곳에 유배하러 왔던 동계 정온에 대해 어떤 마음이었을까. 시대를 넘어 동병상련의 감정이었을까. 비문에 남다른 애정을 갖고 연구했던 금석학자로서 안타까운 마음이었을까. 이유야 자세히 모르겠지만 김정희는 당시 제주 목사였던 이원조에게 정온의 유허비 건립을 건의했다.

1842년 이원조는 김정희의 건의를 받아들여 정온의 적거지였던 제주 대정현성 동문 속칭 막은골에 유허비를 세웠다. 유허비는 이후에 대정현성 동문 밖으로 옮겨졌다가 1963년 보성초등학교 교정으로, 1977년 보성초등학교 교문 안쪽으로 다시 옮겨 세웠다. 1843년에는 처음 유허비를 세웠던 곳에 정온의 절개를 기리기 위해 송죽사를 건립하고 현판 글씨는 김정희가 썼다. 아쉽게도 지금 송죽사와 현판은 없어지고 터만 남아 있다.

김정희는 같은 유배객으로서 제주에 발자취를 남긴 정온을 복권하고

추사로 가는 길

제주 정온유허비

싶었을 것이다. 그것은 어쩌면 자신도 정온처럼 제주에서의 유배 생활이 억울하지만, 또한 헛되지 않았음을 후대인들이 알아주길 바라지 않았을까. 김정희의 마음을 알아주기라도 하듯 지금 김정희 적거지에는 그의 유배 생활을 증거하는 번듯한 적려유허비가 세워져 있다. 정온과 김정희는 유배인으로서 제주에 이름 석 자를 제대로 새겨 놓았다.

부부 사랑

•

아산 외암마을 건재 고택

김정희는 1800년 15세 때 한산 이씨와 결혼했다. 5년 만에 한산 이씨와 사별하고 23세 때인 1808년 예안 이씨 이병현의 딸과 재혼했다. 이병현은 외암 이간의 증손이다. 한산 이씨와 사별한 데다 예안 이씨도 평소 병약해서 그랬는지 김정희와 예안 이씨의 부부 금실은 무척이나 애틋했다고 전해진다. 병약한 몸인데도 불구하고 34년 동안 효를 다하고 많은 사람이 칭송할 정도로 덕을 쌓은 아내 예안 이씨에게 김정희는 고마움을 표현했다.

김정희는 붕당 간의 대립, 김노경의 유배와 자신의 유배 등으로 예안 이씨와 떨어져 지내는 시간이 많았다. 그래서 대구, 평양, 전남 고금도, 제주 등에서 아내 예안 이씨에게 마음과 근황을 알리는 편지 38통을 보냈다. 편지 내용은 집안의 대소사를 챙기는 일, 아내의 소식을 기다리는 조급함 등이 있고, 평양 기생과의 염문을 해명하는 글도 있다.

제주에 유배 간 김정희가 아내에게 쓴 편지는 온갖 반찬 투정과 힘들다는 내용이 많다. 김정희의 편지를 받은 예안 이씨는 먹는 것, 자는 것에 매우 까다로운 남편을 위해 옷과 밑반찬, 심지어 인절미까지 제주로 보냈다. 우편물이 가고 오는 데 시간이 오래 걸렸기 때문에 보내 준 음식들이 상한 채로 도착할 때도 많았다. 김정희가 예안 이씨에게 보낸 편지에 그 내용이 오롯이 담겨 있다.

"오늘 집에서 보낸 서신과 선물을 받았습니다. 당신이 봄밤 내내 바느질했을 시원한 여름옷은 겨울에야 도착했고 나는 당신의 마음을 걸치지도 못하고 손에 들고 머리맡에 병풍처럼 둘러놓았습니다. 당신이 먹지 않고 어렵게 구했을 귀한 반찬들은 곰팡이가 슬고 슬어 당신의 고운 이마를 떠올리게 하였습니다. 내 마음은 썩지 않는 당신 정성으로 가득 채워졌지만 그래도 못내 아쉬워 집 앞 붉은 동백 아래 거름이 되라고 묻어 주었습니다. 동백이 붉게 타오르는 이유는 당신 눈자위처럼 많이 울어서일 것입니다."

1841년 10월 1일 제주 유배지에서 예안 이씨에게 보낸 편지에는 병약한 아내를 걱정하는 내용이 담겨 있다.

"매양 잘 있노라 하시오나 말씀이 미덥지 아니하오니 염려만
무궁하오며 부디 당신 한 몸으로만 알지 마옵시고 이천 리
해외에 있는 마음을 생각해서 십분 섭생을 잘하여 가시기 바
랍니다."

예안 이씨는 1842년 11월 13일 세상을 떠났다. 아내가 죽은 줄도 모
르고 김정희는 다음 날인 14일과 18일 연달아 예안 이씨에게 편지를
보냈다.

"이 동안은 무슨 약을 드시며 아주 몸져누워 지냅니까. 간절
한 심려로 갈수록 걱정을 금하지 못하겠습니다."

제주도는 서신 왕복에 두 달 내외로 걸리기 때문에 추사는 아내의 부
고 소식을 못 듣고 아내를 걱정하는 편지를 보냈다.
예안 이씨 부고는 12월 15일에야 김정희에게 전해졌다. 부고를 받은
김정희는 아내의 죽음을 애도하는 '부인예안이씨애서문'을 썼다.

"유배지로 갈 때 큰 바다가 뒤를 따를 적에도 일찍이 내 마음
이 이렇게 흔들린 적이 없었습니다. 그런데 지금 당신의 상
을 당해서는 놀라고 울렁거리고 얼이 빠지고 혼이 달아나서
아무리 마음을 붙들어 매려 해도 그럴 수가 없으니 이 어인

까닭입니까."

아내를 잃은 추사의 황망한 마음이 절절히 전해 온다.

심리적으로 가장 힘들 때가 배우자와 사별했을 때라고 한다. 김정희가 아내의 부고 소식을 들은 날 심정이 어떠했을까. 유배인으로 떨어져 있을 수밖에 없는 처지라 편지로 소식을 전하며 부부의 사랑을 나누었지만 이제 영영 이별하였으니 그 상실감이 어느 정도인지 가늠하기 어렵다. 김정희는 아내를 잃은 슬픔을 「배소만처상(配所輓妻喪)」, 즉 「유배 중에 아내의 상을 당하여」란 제목의 도망시(悼亡詩)를 썼다.

저승의 월하 노인에게 빌어서
내세에는 당신과 내가 바꿔 태어나
천 리 밖에 나 죽고 당신은 살아
이 내 슬픔 당신에게 알게 할까.

那將月老訟冥司(나장월노송명사)
來世夫妻易地爲(내세부처역지위)
我死君生千里外(아사군생천리외)
使君知我此心悲(사군지아차심비)

김정희의 아내 예안 이씨의 본가는 아산 외암마을에 있는 건재 고택이다. 건재 고택은 조선 후기 호락논쟁에서 인물성동론을 주장했던 외암 이간이 태어난 곳으로 18세기 말 이간의 후손인 건재 이욱렬이 현재의 모습으로 건립하여 택호를 건재 고택으로 부른다. 설화산을 뒤로 두고 산세를 따라 서북향으로 건물을 배치하였다. 사랑채의 앞 정원은 학 모양을 한 연못을 중심으로 작은 도랑을 이루고 있으며 괴석과 노송 등 많은 수목으로 꾸며져 있다.

지금 건재 고택의 사랑채와 안채에는 많은 현판과 주련이 걸려 있다. 〈무량수각〉, 〈청암산방〉, 〈유선시보〉, 〈일로향각〉, 〈설산장〉, 〈고견당〉, 〈건재장〉 등의 현판이 김정희 글씨라고 한다. 그런데 그 현판과 주련들이 김정희가 써 준 글씨로 새겨 걸었던 진본인지 아니면 진본을

아산 외암마을 건재 고택 사랑채

추사로 가는 길

모각한 것인지는 담당 학예연구사도 확정적으로 말하지 않았다. 추사 관련 전문 연구자들의 책에도 건재 고택 현판이 추사 글씨라고 적시하지 않아 좀 더 연구와 고증이 필요한 부분이다.

김정희의 아내 예안 이씨는 죽기 1년 전쯤인 1841년에 김상무를 양자로 들였다. 김상무는 김정희와 13촌 사이인 먼 친척 집안 넷째 아들이었다. 김정희가 정실부인 두 명 사이에 아들이 없어 봉사손이 필요해 내린 결정이었던 듯하다. 그런데 김정희에게는 이미 소실과의 사이에 낳은 김상우가 있었다. 당시는 적서 차별이 엄연히 있던 시대라 당연한 것이었는지도 모른다.

그런데 자하 신위처럼 서자를 적자로 삼은 사례가 아예 없지는 않다. 추사는 서자 김상우를 두고도 양자를 들인 것을 보면 적서차별이란 시대의 굴레를 벗어나지는 못했던 건 아닐까. 김상우 어머니에게 보낸 편지가 한 통도 전해지지 않는 것으로 보아 적서 차별의 벽을 넘기는 어렵지 않았을까 싶다. 다만 양자를 들일 당시 김정희는 유배 중이었기에 진정한 추사의 뜻이었는지는 모르겠다. 건재 고택을 보면서 애틋했던 추사와 예안 이씨의 부부 사랑을 떠올리다가 소실과의 사랑은 어떠했는지 상상해 보았다. 그때는 맞고 지금은 틀린 시대의 모순이다.

금란지교

·

해남 대흥사 일지암

김정희에게는 많은 제자와 함께 돈독한 우애를 나눈 벗들이 많았다. 죽음의 문턱에서 제주 유배로 탈출구를 마련해 준 조인영, 황초령비를 탑본하여 김정희가 고증하도록 하는 등 평생 도움을 주었던 벗이자 동지였던 권돈인이 있다. 그중에서 사상과 종교를 뛰어넘어 평생지기로 금란지교를 이어갔던 초의는 김정희의 정신 지형에 큰 영향을 끼친 도반이자 벗이었다.

학문적 열정이 끓어오르던 김정희는 해붕과 불교 사상을 토론하기 위해 갔던 수락산 학림사에서 초의와 운명적으로 만났다. 불교에 해박한 지식을 갖고 있던 김정희는 초의를 만남으로써 불교 이해를 심화시킬 수 있었고 초의도 김정희의 주선으로 양반 사대부들과 교유함으로

추사로 가는 길

써 유학에 관한 이해의 폭을 넓힐 수 있었다.

김정희는 고문으로 만신창이가 된 몸으로 제주로 유배 가는 길에 초의가 머물던 해남 대흥사 일지암에 들러 불교에 대한 고담준론을 주고받으며 마음을 추슬렀다. 일지암에서 하룻밤을 묵고 제주로 떠나는 벗 김정희를 위해 초의는 〈제주화북진도〉를 그려 주어 무사 도착과 마음의 평화를 기원했다.

일지암은 초의가 입적한 후 화재로 소실되었는데 차를 아끼는 사람들이 뜻을 모아 복원했다. 복원할 때 옛 모습을 살리고자 여수에 있던 고가의 목재를 쓰고 초의의 시와 간찰, 소치 허련의 『몽연록』을 참고했다. 중국 당나라의 승려 한산의 시 "뱁새는 언제나 한 마음이기 때문에

해남 대흥사 일지암

나무 끝 한 가지(一枝)에 살아도 편안하다."에서 '일지'를 따와 일지암(一枝庵)으로 이름 지었다.

초의는 1843년 제주 김정희 적거지를 찾아가 6개월 동안 머무르며 아내를 잃은 김정희의 마음을 위로했다. 초의가 제주에서 김정희와 함께 생활하는 동안 무엇을 하며 지냈을까. 김정희가 머물렀던 적거지의 별채(모거리)에서 두 사람은 초의가 정성 들여 재배하여 덖은 차를 우려내어 마셨을 것이다. 차를 마시며 둘은 유학 이야기, 무엇보다 불교의 교학과 선 이야기를 나누지 않았을까. 김정희가 백파 스님과 벌인 삼종선 논쟁도 제주 유배 기간이었다. 초의도 백파의 『선문수경』 논리를 반박하는 『선문사변만어』를 지었으니 초의와 김정희는 함께 백파의 주장을 논박한 셈이었다.

초의가 머무는 동안 별채는 항상 차향으로 가득했을 것이다. 그곳에서 두 사람은 '차와 선은 한 맛'이라는 다선일미를 느끼며 아내를 잃은 상실감을 치유하고 유배의 고난도 잠시 잊었을 것이다. 그들은 어쩌면 제주 대정에서 같이 유배 생활을 한 것은 아니었을까. 그런데 세상살이가 어찌 행복하고 평안하기만 할까. 초의가 떠난 뒤 김정희가 느꼈을 허전함이 전해져 온다.

김정희는 초의와 나누던 차담을 그리워하며 〈일로향실(一爐香室)〉을 써서 초의에게 보냈다. 일로향실은 '차를 끓이는 다로의 향이 향기로운 방'이라는 뜻이다. 차를 달이는 화로에서 나는 차향을 음미하며 앉아 있을 두 사람의 모습이 보일 듯하다. 지금 별채(모거리)에는 추사와 초의가 차를 마시며 담소를 나누는 모습이 재현되어 있어 두 사람의 각별한 우정을 느껴 볼 수 있다.

김정희는 초의가 떠난 이후 죽을 때까지 초의에게 차를 보내 달라는 걸명시(乞茗詩)를 보냈고, 초의는 김정희에게 차를 보내주었다. 그러면 김정희는 그에 대한 답례로 글씨를 보내곤 했다. 초의의 따뜻한 마음을 담아 보낸 차는 김정희의 건강에 도움을 주고 마음을 다스리고 치유하는 약초였다. 한결같이 차를 보내 주는 초의에게 써서 보낸 또 하나의 대표적인 글씨가 〈명선(茗禪)〉이다.

명선은 '차를 마시며 선정에 들다.' 또는 '차를 만드는 선승'이라는 뜻이다. 김정희는 〈명선〉 글씨 좌우에 협서로 이 글씨를 쓰게 된 사연을 써 놓았다.

"초의가 직접 만든 차를 보내왔는데 몽정과 노아에 비해 부족하지 않다. 이를 써서 보답하는데, 〈백석신군비(用白石神君)〉의 필의로 쓴다. 병거사가 예서로 쓰다."

〈백석신군비〉는 중국 하북성 백석산에 산신의 공덕을 찬양하기 위해 세워진 비석이다. 옹방강은 이 비석의 글씨를 극찬했고 그를 스승으로 모신 김정희도 이 비의 글씨를 좋아했다. 비문 글씨를 바탕으로 글씨를 썼던 김정희는 초의에게도 자신의 특기를 발휘하여 감사한 마음을 담아 이 글씨를 써서 보낸 것이다. 학문과 예술 특히 차로 맺은 두 사람의 관계를 헤아려 볼 수 있는 글씨다.

중국 당나라 시대의 선승이었던 조주 선사는 자신의 처소에 온 적이 있거나 없거나, 의심을 품은 자 모두에게 '차나 한잔 하시게.'라고 했다. 조주는 차와 선을 하나로 본 것이다. 이러한 조주의 다풍은 신라, 고려를 거쳐 조선에까지 내려오면서 차와 선은 하나라는 다선일여로 자리 잡았다. 그래서 승려에게 한 사발의 차는 곧 참선의 시작이었다.

김정희는 초의에게 차를 보내 달라는 편지를 보냈다.

> "아마도 산중엔 반드시 바쁜 일은 없을 줄로 생각되는데, 그렇다면 나 같은 세속 사람과는 어울리고 싶지 않아서 나처럼 간절한 처지도 외면하는 겁니까. 나는 스님을 보고 싶지도 않고 또한 스님의 편지도 보고 싶지 않으나 다만 차와의 인연만은 차마 끊어 버리지 못하고 쉽사리 부수어 버리지도 못하여 또 차를 재촉하니 편지도 필요 없고 다만 두 해의 쌓인 빚을 한꺼번에 챙겨 보내되 다시는 지체하거나 빚나감이 없도록 하는 게 좋을 거요."

김정희가 초의에게 간절하게 협박하며 차를 보내라는 것을 보면 둘 사이의 교감이 어느 정도인지 짐작이 간다.

김정희가 초의에게 구걸하듯 차를 보내 달라고 한 것은 어쩌면 차의 맛과 더불어 선정에 들고 싶은 마음이 아니었을까. 김정희가 〈명선〉이

제주 김정희 유배 적거지 별채(모거리)

란 글씨를 벗 초의에게 써 준 것도 차를 마시며 선정에 들자고 권유하는 글씨일 것이다. 김정희와 초의는 다선일미의 경지에 도달한 것인가.

초의는 김정희가 세상을 뜬 지 2년 후인 1858년 제문을 써서 올렸다.

> "슬퍼라. 선생은 천도와 인도를 닦아 여러 학문을 체득하고 글씨 또한 조화를 이루어 왕희지와 왕헌지의 필법을 능가하고 시문에 뛰어나 세월의 영화를 휩쓸고 금석에서는 작은 것과 큰 것을 모두 규명하여 중국에까지 이름을 떨쳤습니다. 달이 밝으면 구름이 끼고 꽃이 고우면 비가 내립니다."

42년 동안 학문과 신분, 종교를 초월하여 금란지교를 맺었던 두 사람의 이별사가 어찌도 이리 애달픈가. 때론 고담준론을 주고받고, 어떤 때는 찻잔을 앞에 두고 말없이 선정에 든 유마거사와 선사로, 고난을 겪었을 때는 몸소 함께 있어 주던 두 사람의 우정이 아름답고 그 인품이 드높구나.

추사로 가는 길

무승부 선불교 논쟁

•

고창 선운사 백파율사비

　어떤 장소를 갈 때는 그곳이 마음에 끌리기 때문이다. 한 곳이 여러 가지로 마음을 끌 때가 있다. 장점이나 좋은 점이 많아 그 사람에게 끌리듯이 말이다. 내게 선운사가 그런 곳 중의 하나다. 선운사 도솔암 마애불을 보러 가기도 하고, 어떤 때는 대웅전과 영산전 뒤의 삼천여 그루의 동백을 보러 갔었다. 또 다른 날은 미당 서정주의 선운사 시비를 보러 가기도 했다. 이번에는 김정희가 쓴 백파율사비가 나를 선운사로 이끌었다.

　선운사 백파율사비는 일주문을 지나 100여 미터 가면 오른쪽 부도밭에 있다. 누군가는 우리나라에서 가장 아름다운 부도밭이라고 감탄한다. 그 부도밭 앞면 가운데에 백파율사비가 있다. 백파율사비는 조선 시대 스님인 백파 스님을 기리기 위해 1858년에 세웠다. 김정희가 비문을 짓고 썼다. 비문은 백파가 입적한 순창 영구산 구암사에 보관되어 오다가 1858년에 백파가 출가한 선운사에 비문 글씨를 새겨 백파율사비를 세웠다. 그동안 김정희가 썼다는 것이 세간에 알려져 비를 탑본하는 사람들이 많아지자 비의 훼손을 막고자 2006년 성보박물관으로 옮겨 보관하고 있다가 지금은 원래의 부도밭 자리로 돌아왔다.

백파는 고창 무장 출신으로, 중종의 일곱째 아들인 덕흥대원군의 10대손이다. 12세에 선운사에 출가하여 승려가 되었으며, 조선 후기 수선결사로 불교를 중흥하려던 화엄종의 대가이다. 백파가 60세 때인 1826년 선종 종파들의 특징을 자신의 논리로 밝힌 『선문수경』을 짓자, 초의는 『선문사변만어』를 통해 비판했고, 초의의 벗이자 불교에도 박식했던 김정희는 편지로 백파와 논쟁했다.

백파율사비가 세워지기까지 과정과 비문의 내용을 좀 더 자세히 기술하면 다음과 같다. 김정희가 70세이던 1855년 정읍 백양사의 설두, 백암 스님이 과천의 과지초당으로 김정희를 찾아와서 3년 전인 1852년에 입적한 스승 백파의 비문을 지어달라고 청했다. 두 스님의 부탁을 받고 김정희는 비의 앞면에는 해서로 〈화엄종주 백파대율사 대기대용지비〉라 쓰고 뒷면에는 행서로 백파와 관련된 내용을 썼다. 비의 이름은 문자 그대로 읽으면 '화엄의 종지를 따르고 대기대용을 갖춘 백파율사의 비'라고 해석할 수 있다.

그런데 김정희는 비문 이름에 왜 대기대용(大機大用)이라 썼을까.

추사는 비 뒷면에 그 이유를 밝혔다.

"우리나라에는 근래에 율사로서 일가를 이룬 바가 없었는데,
오직 백파만이 이에 해당하므로 여기에 율사로 적은 것이다.
대기와 대용, 이것은 백파가 팔십 년 동안 가장 힘들여 애쓴
것이다. -중략-
이제 백파 비문을 지으면서 만약 대기대용 이 한 구절을 크
고 뚜렷하게 쓰지 않는다면 그것은 백파비로는 부족하다 할
것이다."

또한 김정희가 백파의 비문을 써 주면서 이를 부탁하러 온 두 스님에
게 횡액으로 써 준 〈百蘗(백벽)〉 끝에 쓴 화제를 통해서도 알 수 있다.
화제에는 "백파 선문의 종취는 대기대용을 드높이는 것이므로 이 두 자
를 써서 설두상인에게 준다."라고 쓰여 있다. 추사는 백파를 대기대용
을 두루 갖춘 스님으로 보았던 것이다.

〈백벽〉에서 '백'은 중국 백장 스님을, '벽'은 황벽 스님을 가리킨다. 백
장은 '대기'를 얻었고, 황벽은 '대용'을 얻었다고 알려진 스님이다. 그러
므로 백장과 황벽을 모두 얻으면 대기와 대용을 두루 갖추게 되는 셈이
된다. 그러니까 백파의 제자에게 〈백벽〉을 써 준 것은 결국 그들의 스
승인 백파가 대기대용을 두루 갖추었다고 인정한 것이다. 그래서 백파
의 비문 이름에 '대기대용'이란 말을 넣어 강조했다.

그런데 대기대용이란 말의 의미를 간파하기는 쉽지 않다. 불교에서 대기는 대승의 가르침을 들을 만한 자질이나 그 자질을 갖춘 사람을, 대용은 크게 작용함을 의미한다. 유홍준은 '대기를 마음의 청정함[佛]으로, 대용을 마음의 광명[法]으로 보고 그 청정과 광명이 함께 베풀어짐[道]을 대기대용'이라고 했다. 깨달음이 원숙한 경지에서 나오는 자유자재한 경지를 말한다. 전문가의 말을 빌려 쉽게 풀이하고 이해하려고 노력하지만 힘이 더 들고 갈수록 첩첩산중이다.

　백파는 불교의 선과 교, 그리고 율을 겸비했다. 그는 중국 선종의 8대조인 마조 스님에서 제창되어 백장 스님, 황벽 스님을 거쳐 임제 스님에 이르러 크게 일어난 조사선을 우위에 두고, 마음의 맑음은 불(佛)의 대기이고, 마음의 밝음은 법(法)의 대용이라고 했다. 그리고 그 맑음과 밝음이 어우러지는 조사선의 대기대용이 베풀어지면 세상의 실상과 허상, 드러남과 감추어짐이 함께 작용하는 경지에 이르게 된다고 주장했다.

　백파의 『선문수경』은 선문 즉 선어록에 실린 선어에 대하여 수경 즉 손거울과 같이 누구나 그 내용과 깊고 얕음을 알게 하기 위한 목적으로 삼종선을 제시한 책이다. 그는 이 책에서 선의 깊고 얕음과 성격에 따라 선을 '조사선·여래선·의리선'의 세 종류로 나누고 그중에서 조사선이 가장 뛰어나고, 중간이 여래선, 가장 열등한 것이 의리선이라고 주장했다.

　이러한 백파의 선 사상에 대해 초의가 반박하는 주장을 펼치며 삼종선 논쟁이 일어났다. 초의 선사는 백파 율사의 선 사상에 대해 교와 선은 다른 것이 아니며, 조사선이 여래선보다 우위에 있는 것이 아니라 '깨달으면 교가 선이 되고 미혹하면 선이 교가 된다.'고 주장했다. 초의는 『선문사변만어』를 저술하여 임제 스님과 백파 스님이 주장한 삼종선 외에 격외선을 추가하여 넷으로 구분했다.

백파와 초의의 논쟁에 김정희가 개입하며 논쟁이 확대되었다. 김정희와 백파의 논쟁은 김정희가 제주 유배 시절이던 1843년에 일어났는데, 김정희가 백파 율사에게 먼저 편지를 보내면서 시작되었다. 김정희가 백파 율사의 논지를 비판하는 여섯 편의 편지를 보냈고, 백파는 '김참판에게 올리는 십삼조'를 보냈다. 김정희가 백파의 '십삼조'를 보고 답신으로 보낸 '백파 망증 십오조'는 이 논쟁의 핵심이자 절정을 이룬다. 김정희의 이 반박 편지를 읽은 백파는 '그 양반 반딧불로 수미산을 태우려고 덤비는 사람이구먼.'이라며 응수했다고 전해진다.

망증 십오조 일부를 보면 다음과 같다.

"정자, 주자, 퇴계, 율곡의 학설을 원용하여 유불(儒佛) 비유를 일삼으나 무엄하고 기탄없음이 이와 같음을 일찍이 보지 못했노라. 이는 곧 개소리, 쇳소리를 가지고 율음(律音)을 찾는 격이니 이것이 스님의 망증 제2요. -중략-
스님은 육조의 구결을 여기저기서 닥치는 대로 망증하여 무식한 육조 혜능을 유식한 혜능으로 만들어 놓았으니 혜능인들 그 어찌 마땅히 여기랴. 이것이 스님의 망증 제5요."

이렇게 김정희는 백파의 주장을 '망언'이라는 거친 언사로 비판했다. 많은 스님에게 법회를 통해 불교의 교리를 펴고 있던 백파와 물러설 수 없는 승부를 편 것이다.

김정희는 백파의 주장에 대해 무조건 화두에만 천착하지 말라고 비판했다. 선종의 수행법인 간화선은 인도에서 중국으로 건너간 불교가 중국화한 참선법이다. 김정희는 간화선에 대해 경솔하게 화두를 염송하지 말며, 기본적인 불교 경전을 제대로 읽고 수행해야 한다고 했다. 말문이 막힐 때 할(喝)만 외치지 말라는 것이다. 그래서 달마대사가 중국에 와서 선풍을 일으켰듯이 이 시대에 맞는 새로운 기풍이 있어야 한다고 주장했다.

유홍준은 추사가 1849년 해배되어 상경하던 중 백파에게 사과할 목적으로 순창 구암사에서 선을 강론하던 백파에게 전갈을 보내 정읍에서 만나기로 하였는데, 폭설로 약속을 지키지 못했고, 훗날 백파 비문을 써 주면서 마음의 빚을 갚았다고 했다.

한편 최열은 백파가 1850년 김정희에게 만나자고 하였으나 김정희가 백파의 청을 거절했다고 말했다. 두 연구자가 말하는 것이 동일 사건을 다르게 파악한 것인지도 모르겠다. 1년의 시차가 있다고 하더라도 처음 약속을 지키지 못한 김정희에게 백파가 먼저 만나자고 청했는데 김정희가 거절했다는 말이 납득이 가지 않는다. 유홍준과 최열 두

고창 선운사 백파율사비
앞면에 〈화엄종주백파대율사대기대용지비〉라고 새겨져 있다.

전문가의 견해와 논증에 차이가 있는 것인지 필자가 잘못 이해하고 있
는 것인지 모르겠다.

　김정희와 백파의 논쟁에 대해 학자들의 깊은 연구가 수차례 이루어
져 양자의 실수와 오점을 분석하였다. 고형곤은 이 논쟁에 종지부를
찍듯 다음과 같이 결론을 내렸다.

"뭇 손가락이 달을 가리키되 가리키는 달은 하나뿐이니 불설
도 경도 또한 하나의 방편인지라 방편은 그때마다 다르지만
구경의 불지혜 경계는 같은 것인즉, 같다면 같고 다르다면
다른 것이 아닌가. 망증 십오조는 무승부."

팔만 사천 법문도 진리를 가리키는 방편일 뿐이니 옳고 그름으로 판
정할 수 없다는 것이고, 그래서 둘의 논쟁은 무승부라는 뜻이다. 김정
희는 백파 비문을 다음과 같이 끝맺었다.

"과로(果老, 추사의 별호)는 다음과 같이 덧붙이노라. 가난하
여 송곳 꽂을 자리도 없었으나 기상은 수미산을 덮을 만하도
다. 어버이 섬기기를 부처님 모시듯 하였으니 그 가풍은 참
으로 진실하구나. 그 이름 긍선이여! 그 나머지야 말해 무엇
하리오. 완당학사 김정희가 찬하고 쓰다."

고형곤의 '무승부'는 이미 백파와 김정희가 논쟁하는 과정에서 이미
정해져 있었던 것이 아니었을까. 그것이 1855년에 쓴 〈화엄종주 백파
대율사 대기대용지비〉 비문에서 명문화된 것이다.
그럼에도 김정희와 백파의 논쟁에서 여러 연구자는 김정희의 백파
에 대한 비판에서 매우 직설적이고 공격적인 어투를 지적하기도 했다.
한편으로는 불교 이론에 해박한 김정희로서는 당시 불교계에 대한 애

정 어린 비판을 한 것이라 평가하기도 했다.

이러한 후대인의 평가를 예측하기라도 한 듯 김정희는 백파 율사 비문 뒷면에 "예전에 나는 백파와 편지를 주고받으며 논변한 적이 있는데, 이를 갖고 세상 사람들은 이러쿵저러쿵 하는 것과는 크게 다르다. 이에 대해서는 오직 백파와 나만이 아는 것이니 아무리 만 가지 방법으로 입이 닳게 말한다 해도 사람들이 알아듣지 못할 것이다. 어찌하면 다시 스님을 일으켜 서로 마주 앉아 한번 웃을 수 있으리오."라고 썼다.

최열은 김정희의 백파에 대한 거친 공격은 백파에 대한 비판이 아니라 김정희 속에 있는 또 다른 백파를 비판한 것이라고 하였다. 즉 김정희의 백파에 대한 비판은 '김정희 자신이 만들어 낸 백파에 대한 공격이고, 자기 자신과의 투쟁'이라고 하였다. 깊은 통찰이다.

그렇다면 논쟁이 시작되고 12년이 지난 1855년 추사 나이 70세이던 때는 김정희 안의 백파가 없어졌을까. 백파의 제자들이 부탁한 백파 비문의 제목과 내용으로 보아 그랬을 것 같다고 고개가 끄덕여진다. 그때는 김정희가 봉은사를 드나들며 불가에도 귀의한 시기이니 더욱 그렇게 보인다. 삶을 치열하게 살아온 거장의 내면이 깊고 넓어진 도량 같아 울림이 크다. 두 거장의 논쟁은 논리적인 사고 틀로 시비곡직을 분별하는 것이 아니라 언어를 초월한 법거량이 아니었을까. 단지 표현은 언어로 했을 뿐. 김정희가 쓴 비문의 해서와 행서를 읽는 즐거움은 또 다른 행운이자 행복이다.

제주 나들이

•

제주 귤림서원

김정희의 제주 유배는 섬에서 가시울타리를 친 집에서 유배 생활을 했기에 절도안치에다가 위리안치까지 당하는 중형이었다. 그런데 해배 9개월 전에 잘 알고 있던 장인식이 제주 목사로 부임해 왔다. 김정희는 장인식에게 물품을 받고 편지를 보냈으며 장인식은 김정희에게 글씨를 부탁했다. 장인식의 배려 덕분에 제주읍을 여행할 수 있었는데 그때 김정희는 귤림서원을 답사했다.

귤림서원은 1578년 제주판관 조인후가 임진 목사와 의논하여 기묘사화로 1520년 제주에 유배되어 죽은 충암 김정의 넋을 위로하기 위하여 그의 적거지에 사묘인 충암사를 세운 데서 비롯되었다. 그 후 1660년 제주 목사 이괴가 장수당을 건립했고, 1667년에는 제주판관 최진남

이 김정의 사묘인 충암사를 장수당 남쪽인 현재의 오현단 안에 옮겨 짓고, 이를 사당으로 하고 장수당을 재(齋)로 하여 귤림서원이라 현액한 후 김정, 송인수, 김상헌, 정온의 4현을 배향했다.

1682년 신경윤이 제주 목사로 있을 때 예조정랑 안건지를 제주도에 파견하여 귤림서원으로 사액했다. 1696년 이익태 절제사 때 기존에 배향하던 4인 외에 송시열이 추향됨으로써 5현을 배향하게 되었다. 그 뒤 1850년 제주 목사 장인식이 귤림서원 묘정비(廟庭碑, 서원의 내력을 기록하여 서원 앞에 세운 비)를 세웠다. 1871년 흥선대원군의 서원 철폐령에 따라 훼철되었다. 1875년 제주 목사 이희충이 장수당 옛터에 경신재를 세워 선비의 자제들이 학업을 닦을 수 있도록 했다.

제주 귤림서원

오현단은 귤림서원의 옛터에 조성한 제단이다. 오현은 귤림서원에 배향한 다섯 명을 가리킨다. 1871년 귤림서원이 헐린 뒤에 1892년 김의정을 중심으로 한 제주 유림이 귤림서원의 자리에 제단을 조성했다. 지금은 위패를 상징하는 조두석 5기가 설치되어 있다.

오현단 안에는 오현의 시비를 세워 놓았다. 그중 조광조와 함께 개혁 정치를 꿈꾸다 제주로 유배하러 온 충암 김정이 36살의 나이에 사약을 마시고 죽기 전에 지은 것으로 알려진 '임절사'는 자신의 뜻을 펴 보지도 못하고 어머니보다 먼저 세상을 하직하는 젊은 선비의 마음이 애절하게 다가온다.

> "외딴 섬에 버려져 외로운 넋이 되려 하니/ 어머님 두고 감이 천륜을 어기었네/ 이 세상을 만나 나의 목숨 마쳐도/ 구름을 타고 가면 하늘문에 이르리라/ 굴원을 따라 떠돌고도 싶으나/ 기나긴 어두운 밤은 언제면 날이 새리/ 빛나던 일편단심 쑥밭에 묻게 되면/ 당당하고 장하던 뜻 중도에 꺾임이니/ 아! 천추만세에 나의 슬픔을 알리라."

송시열의 '해중유감'은 자신을 유배 보낸 임금에게 서운함과 충성심 등이 배어 있다.

> "여든이 넘은 늙은이가/ 만 리 푸른 물결 한가운데 왔도다/

말 한마디가 어찌 큰 죄랴마는/ 세 번이나 내쫓겼으니 앞이
막혔구나/ 북녘 대궐을 향해 머리를 돌려보지만/ 남쪽 바다
에는 계절풍만 부네/ 귀한 옷을 내리셨던 옛 은혜를 생각하
면/ 외로운 충성심에 눈물만 흐르는구나."

제주 대정에서 8년여 기간 동안 유배 생활을 하던 김정희는 제주의
아름다운 곳들을 가 볼 수 없었지만 해배 전에 제주읍을 여행할 수 있
었다. 이때 귤림서원과 오현단을 관람했다. 제주 오현으로 배향된 사
람 중 3명이 자기처럼 유배하러 왔다가 죽거나 해배된 사람이었다. 유
배는 기간이 긴 것도 견디기 어렵지만 언제 사약이 내려질지 모르는 불
안이 항상 잠재해 있었다. 이런 상황에서 김정희는 귤림서원을 보면서
만감이 교차했을 것이다. 지금 우리가 그 당시의 김정희 마음을 헤아
리는 건 애초부터 불가능할 것이다.

귀환과 이별

이제는 쉬어야 할 시간

●

과천 과지초당

역사적 인물을 공부할 때 우리는 주로 그 사람이 주로 머물렀던 공간을 찾는다. 그 공간을 시간과 겹쳐 보면 그 사람의 활동과 사상 등이 더 가깝게 다가오기 때문이다.

서울에서 태어난 김정희는 8세 이전에 월성위궁의 큰아버지에게 양자로 들어가서 학문을 닦아 관직에 오르고 청나라 연경에 40여 일 동안 다녀왔다. 그 후 제주도 서귀포 대정마을에 위리안치 유배 가서 8년 3개월을 보냈다.

김정희는 제주 유배에서 풀려나 한양 용산 등의 강상에서 살다가 다시 함경도 북청으로 1년 동안 유배 갔다. 그는 67세 되던 1852년 8월 함경도 북청 유배에서 풀려나 그해 10월 9일 과지초당에 도착하여 1856

년 10월 10일 71세로 서거하기까지 4년 동안 머물렀다.

70년 동안 그는 머무는 곳에서 항상 학문과 예술에 전념하며 자신만의 세계를 구축했던 조선 후기 문인이자 학자였고 예술가였다. 과지초당은 그의 학문과 사상, 예술이 최고에서 원숙으로, 높음에서 평평함으로 나아간 곳이었다.

과천 과지초당

과지초당은 김노경이 한성판윤을 지내던 1824년 과천에 마련한 별서다. 지금의 별장과 비슷하다. '과지'라는 지명은 청계산 옥녀봉 아랫마을이 오이를 많이 재배하여 붙여진 이름이다. 경관이 빼어난 정원과

추사로 가는 길

숲, 아름다운 연못을 갖추어 김정희 가문의 절정을 상징하는 곳이다. 과지초당은 청계산과 관악산 사이에 있어 청관산옥으로도 불렸다. 추사의 별호인 과노, 노과, 병과, 칠십일과 등은 그가 과천 과지초당에 머물 때 지어 썼던 것으로 보인다.

1837년 김노경이 별세하자 김정희는 부친을 과지초당 인근 청계산 옥녀봉 중턱에 모시고 삼년상을 보냈고, 그 후에도 과지초당을 자주 찾아 시간을 보냈다. 김정희가 과지초당에 머물 때 친구와 제자들이 이곳을 찾아와 추사를 만나 이야기를 나누고 시를 지었다. 그중 이곳을 찾아온 황상의 시를 보면 과지초당의 정경이 아늑하게 그려진다.

> 거친 산과 들에 늙은이가 지팡이 짚고 오니
> 백소어는 드넓은 연못에서 노니네.
> 기이한 글 묵직하고 고상한 선비시오
> 빼어난 모습 갓 태어난 아이와 꼭 같구나.
> 시에서 본 송문석을 구태여 알아보니
> 그 누가 눈앞의 죽엽비를 기억할까.
> 가는 풀 이름난 꽃 안개 버들 언덕에
> 꾀꼬리 목청 고운 그때 풍경이 어떠할지.

이 시를 짓게 된 사연은 이랬다. 1854년 황상이 정약용의 장남 정학연과 함께 과지초당에 머물고 있던 김정희를 찾아왔다. 이 소식을 들고 그의 동생 김명희와 김상희가 왔고 김정희의 식객으로 와 있던 황상의 다산 문하 동문이었던 이학래가 함께 했다. 이때 김정희가 황상에게 시 한 수를 부탁했고, 그때 황상이 이 시를 지었다.

황상이 과지초당 안으로 들어섰을 때 연못에는 백소어라 불리는 피라미, 송사리 등 비늘이 하얀 작은 물고기들이 노닐고 있었다. 마당에는 솔잎 무늬가 들어 있는 송문석이 있었고, 한쪽에는 댓잎이 새겨진 비석이 세워져 있었다. 이러한 모습을 황상이 시에 표현했다.

황상은 정약용이 강진으로 유배 갔을 때 임시로 거처하던 강진의 주막집 골방에서 처음 스승과 제자로서 인연을 맺은 애제자였다. 황상은 양반이 아니어서 과거를 볼 수 없었기 때문에 정약용은 황상에게 시를 짓도록 가르쳤다. 정약용이 해배 되어 돌아간 후에는 일속산방에서 스승의 가르침대로 부지런히 시를 지었다.

김정희는 1848년 제주 유배지에서 황상의 시를 처음 접하고 '두보를 골수로 삼고, 한유를 골격으로 삼았다.'라고 극찬하며 그와 인연을 맺었다. 그해 12월 초 김정희는 제주도 유배에서 풀려나 돌아오다가 황상이 머물던 강진의 백적동 일속산방으로 황상을 찾아갔지만 황상이 정학연을 만나러 갔기 때문에 만나지는 못했다. 1856년 김정희와 김명희는 황상의 시집에 서문을 써 주기도 했다. 정약용과 황상, 김정희는 이렇게 아름다운 관계로 인연을 맺었다.

김정희는 과지초당에 머물 때 평생의 벗 권돈인에게 편지를 보냈다.

"옛사람들의 글씨는 간찰체라는 것이 따로 없습니다. 순화각첩(淳化閣帖)의 경우는 진(晉)나라 사람들의 글씨가 많은데 간찰만을 위주로 하지 않았으니, 간찰은 바로 우리나라의 가장 나쁜 버릇입니다. 제 글씨는 비록 말할 것도 못 되지만, 70년 동안 열 개의 벼루를 밑창 내고, 천여 자루의 붓을 몽당붓으로 만들었으면서 한 번도 간찰의 필법을 익힌 적이 없고, 실제로 간찰에 별도의 체식이 있는 줄도 모릅니다."

이 편지에서 나온 말이 '열 개의 벼루를 밑창 내고, 천여 자루의 붓을 몽당붓으로 만들었다.'는 '마천십연 독진천호(磨穿十硏 禿盡千毫)'다. 실제로 그러했는지는 모르겠지만 어렸을 때부터 서거하기 직전까지 글씨를 썼던 것으로 보아 그 이상의 의미를 갖는 말이다. 한 분야의 거장이 되기 위해 어떻게 해야 하는지 그 어떤 수식어보다 간결하고 묵직하게 울려 오는 가르침이다.

오늘날 추사체로 알려진 그의 글씨는 이렇게 평생의 수련을 거치며 탄생했다. 조각가가 불필요한 부분을 깎아 낸 후 마지막에 드러나는 형체와 같다. 고승이 평생 수행하여 깨닫고 또 수행하며 좌탈입망하며 완성한 마음이자 정신과도 같다. 과천 과지초당은 추사의 서체가 완성되고 삶의 군더더기가 제거되고 평범해지던 공간이었다. 양반 사대부 기와집에서 태어난 그는 이렇게 초탈한 듯 초당에서 추사체를 마무리했다. 그는 김정희로 태어나 추사로 살다가 추사로 다시 태어났다.

김정희가 쓰던 붓(위)과 벼루(아래), 국립중앙박물관 소장

김정희의 마지막 여정

•

서울 봉은사 〈판전〉

봉은사는 서울 강남 수도산 자락에 자리 잡은 도심 속 사찰이다. 794년 신라 연회국사가 견성사로 창건했는데, 1498년 조선 성종의 능인 선릉을 지키기 위해 능 곁에 있던 견성사를 고쳐 짓고 이름을 봉은사(奉恩寺)로 바꿨다. 이렇게 봉은사는 능침사찰로 변했다. 1562년(명종 17) 선릉을 이장할 때 지금의 자리인 수도산 아래로 옮겼다.

봉은사에는 『화엄경』을 비롯해 불경 판각을 보관하고 있는 전각이 있다. 그 전각이 판전인데, 그 판전의 현판을 추사가 썼다. 추사는 판전 현판 글씨를 쓸 무렵 봉은사에 머물고 있었다. 당시 봉은사의 주지인 영기 스님은 『화엄경수소연의초』 80권을 목판에 새긴 후 이 판각을 보관할 전각인 판전의 현판 글씨를 추사에게 부탁했다.

『화엄경수소연의초』는 7세기 말 당나라 실차난타가 번역한 80권의 『화엄경』을 징관이 주석한 것이다. 영기는 1855년 가을 망월사에서 『화엄경』을 강의하다가 함께 공부하던 승려들과 이를 판각하기로 하여 이듬해 9월에 완성했다. 경판은 모두 3,175매로 한 면에 10줄씩, 각각 20자씩 새겼다.

서울 봉은사 판전

그때 김정희는 병중이었기 때문에 글씨를 쓴다는 것이 쉽지 않은 일이었다. 마지막이 될지도 모를 자신의 글씨를 가볍게 쓸 수도 없기 때문이었다. 평생에 걸쳐 수련한 글씨의 모든 기운과 서법을 응축시켜 써야 했다. 그래서 추사는 말 그대로 혼신의 힘을 다하고 온 정신을 집

추사로 가는 길

중하여 썼다. 이를 증명하려는 듯 〈판전〉 두 글자를 쓰고 '칠십일과병중작'이라고 낙관했다. '71세의 과천 늙은이가 병중에 쓰다.'란 뜻이다.

김정희는 판전 현판 글씨를 1856년 10월 10일 71세로 죽기 3일 전에 썼다고 전해진다. 봉은사 주지 영기 스님은 『화엄경』 판각을 보관할 전각의 현판 글씨를 왜 늙고 병중인 추사에게 부탁했을까. 숭유억불책을 취했던 조선의 양반 사대부였던 추사가 왜 사찰에 거처를 마련하고 머물렀을까. 그리고 추사는 늙고 병든 몸으로 꼭 그 현판 글씨를 써야 했을까.

한승원은 소설 『추사』에서 봉은사에 머물던 추사가 연비하던 모습을 다음과 같이 썼다.

> "창문에 그림자가 어른거렸고, 원주가 들어왔다. 추사는 눈을 감은 채 팔뚝을 드러냈다. 원주는 초 녹인 물을 먹인 실밥 가시랭이를 그의 팔뚝 안쪽의 살갗에 세웠다. 유황불을 일으켜 가시랭이의 우듬지에 붙였다. 반딧불처럼 파르스름한 불방울이 입을 오물거렸다. 그 불 방울이 가시랭이를 배추흰나비 애벌레처럼 시나브로 먹어 내려갔다."

가시랭이를 모두 태운 뒤 마지막에 살갗에 닿는 순간의 고통으로 말미암아 맑은 정신을 갖겠다는 연비 의식은 불제자가 되겠다고 맹세하는 모든 행자들이 행하는 의식이다. 김정희가 행자처럼 불제자로 되겠다는 서원을 했는지는 모르지만 연비를 한 것은 사실이었다. 상유현은

「추사방현기」에 추사가 죽기 5개월 전쯤 봉은사에서 보았던 김정희의 모습을 다음과 같이 기록해 놓았다. (유홍준, 『추사 김정희』)

"늙은 스님 한 분이 댓가지를 하나 가지고 들어왔다. 그리고 그 댓가지 끝에 작은 종이통 하나를 매달았다. 통 가운데에는 바늘과 같은 까스랑이가 있었다.(베 올을 초칠 해 짧게 자른 것) 한 개를 골라 공의 바른팔 근육 위에 곧추세웠다. 작은 스님이 석유황에 불을 붙여 가지고 와서 까스랑이 끝에 붙였다. 타는 것이 촛불 같았으나 바로 꺼졌다. 나로서는 처음 보

서울 봉은사 〈판전〉
〈판전〉 왼쪽에 '칠십일과병중작'이라 쓰여 있고
김정희의 호 '완당' 낙관이 찍혀 있다.

추사로 가는 길

는 일이었다. -중략-

어당 이상수 선생이 말씀하기를 '이는 불경에 있으니 자화참
회가 이것이다. 또 수계라고도 부른다. -중략- 이는 모두 더
러운 것을 사르어 버리고 귀의청정하는 맹세이니 불법은 그
러하니라' 하였다."

김정희는 초의를 비롯하여 여러 스님과 교유하며 때론 불교 교리에
대해 논쟁할 정도로 불교에 해박한 지식을 갖고 있었다. 4년 동안 과천
의 과지초당에서 말년을 보내던 김정희는 이곳에서 20여 리 떨어진 봉
은사를 자주 왕래하며 머물고 불교에 귀의하는 연비를 할 정도였으니
영기 스님으로서는 김정희에게 글씨를 부탁하는 것이 자연스러우면서
도 영광이었을 것이다.

김정희로서도 자신의 마지막 작품을 봉은사에 남기고 싶었을지도
모른다. 조선의 사대부 양반으로서 불교에 귀의한다는 것은 큰 결단이
었을 것이다. 사바세계의 분별을 내려놓은 자리에 불교가 있었고 추사
는 그곳에서 쉬고 싶지 않았을까. 어쩌면 그는 그곳에 이미 이르렀을
지도 모른다.

그래서 봉은사 〈판전〉 현판은 모든 것을 비운 그 마음자리에서 쓴 것
이다. 판전은 평생을 법고창신, 입고출신 하며 그만의 글씨를 완성한
추사가 써야 할 마지막 작품이었는지도 모른다. "가슴 속에 오천 권의
문자가 있어야만 비로소 붓을 들 수 있고, 팔뚝 밑에 309개의 옛 비문

글씨가 들어 있어야 한다.'던 그는 〈판전〉 현판 글씨를 쓰고 쓰러져『화엄경』80권과 함께 판전 속으로 들어갔다.

봉은사 〈판전〉 안내판에는 '어리숙하면서도 굳센 필세'라고 표현했다. 30여 년 전 이 글씨를 본 유홍준은 '어린애 글씨처럼 보였다.'면서 '추사체의 졸(拙)함이 극에 달한 글씨로, 감히 비평의 대상으로 삼을 수조차 없는 신령스러운 작품'이라고 했다. 모두 고개가 끄덕여진다. 감식안이 부족한 나의 촌평을 굳이 붙인다면 판전은『도덕경』의 대교약졸(大巧若拙)의 경지에서 나온 필체이고, 불교의 중도를 체득한 사람의 기운이 느껴지는 글씨라고 장광설을 늘어놓을 수밖에 없다.

판전에는 추사 타계 1년 뒤인 1857년에 신중도가 봉안되었다. 신중도는『화엄경』에 등장하는 39위의 화엄신중을 함께 그린 것으로 초의의 증명으로 조성되었다. 김정희는 죽기 전에 초의를 보고 싶은 마음을 편지로 써서 수차례 보냈지만 초의는 끝내 김정희를 만나러 오지 않았다. 김정희가 제주 유배 시 그 먼 길을 가서 반년을 함께 머물렀던 초의는 보고 싶다던 김정희에게 왜 가지 않았을까. 초의는 추사 사후 1년이 되어 추사가 현판을 쓴 판전에 봉안할 신중도를 조성하였으니 오랜 막역지기가 판전에서 만난 것인가.

봉은사 경내에 수많은 꽃송이가 피었다가 지고, 또 피어나고 있었다. 목련꽃, 동백꽃, 진달래꽃, 벚꽃, 홍매화, 연꽃. 판전의 화엄경 목판들이 수많은 꽃으로 피어나고 있었다. 화엄의 세계가 펼쳐지고 있었다. 봉은사는 김정희가 마지막으로 머문 집이었다.

실록에 기록된 김정희

•

예산 김정희 묘

실록은 왕이 물러난 후 기록하는 역사기록물이다. 산 권력이었을 때 왕이 입맛에 맞게 수정할 수 없도록 만든 제도적 장치다. 역사 기록은 추상같이 사실에 입각해서 엄정하게 기록되어야 한다는 공감대가 만들어 낸 제도다. 김정희도 실록에 그 이름이 올라 있다. 그가 죽은 날인 1856년 10월 10일 자 『철종실록』 '김정희 졸기' 부분에 다음과 같이 기록되어 있다.

"전 참판 김정희가 졸하였다. 김정희는 이조 판서 김노경의 아들로서 총명하고 기억력이 투철하여 여러 가지 서적을 널리 읽었으며, 금석문과 도사(圖史)에 깊이 통달하여 초서, 해서, 전서, 예서에 있어서 참다운 경지를 신기하게 깨달았다. 때로는 혹시 거리낌 없는 바를 행했으나 사람들이 스스로 고치지 못했다. 아우 김명희와 더불어 훈지(壎篪)처럼 서로 화답하고, 울연(蔚然)히 당대의 대가가 되었다. 이른 나이에 뛰어난 이름을 드날렸으나, 중간에 가화를 만나서 남쪽으로 귀양 가고 북쪽으로 귀양 가서 온갖 풍상을 다 겪었으니, 세상에 쓰이고 혹은 버림을 받으며 나아가고 또는 물러갔음을 세상에서 간혹 송나라의 소식에게 견주기도 하였다."

자황은 옛날 시와 문장의 잘못된 부분에 노란색을 칠하여 정정하여 첨삭하거나 옳고 그름을 따지는 것을 말한다. 그런데 누구도 김정희의 시와 문장에 자황을 하지 못했다. 당시 김정희의 학문적 깊이와 넓이를 가늠해 볼 수 있는 대목이다.

훈지는 훈과 지 두 형제간의 화목함을 비유한 말로, 형이 훈이라는 악기를 불면 아우는 지라는 악기를 불어 화답한 데서 유래하였다. 김정희는 유배 시 첫째 동생인 김명희에게 편지를 자주 보내는 등 동생과 우애가 깊었음을 기록하고 있다.

『철종실록』은 김정희의 생애를 압축하여 핵심적인 부분만 기록한 것이기에 분량은 적지만 내용은 포괄적이다. 고증학자이면서 서예가로서는 신기한 경지를 깨달을 정도로 뛰어났다고 평가하고 있다. 널리 서적을 읽었다는 내용과 아울러 보면 그의 문자향 서권기를 느끼기에

추사로 가는 길

예산 김정희 묘
첫째 아내 한산 이씨, 둘째 아내 예안 이씨와 합장되어 있다. 추사 고택 옆에 있다.

충분하다. 두 번에 걸친 유배의 고초는 당시 권력 쟁투의 면면을 비추어 볼 수 있는 대목이다. 그리고 중국 송나라 시인으로 당송팔대가에 들어가는 소동파에 견줄 정도로 출중했음을 인정했다. 특히 우애가 깊은 형제애와 더불어 당대의 대가라는 칭호를 붙여 주었다.

김정희는 사망 후 김노경과 같이 청계산 옥녀봉 기슭에 묻혔다가 1937년 9월 예산 추사 고택 옆으로 이장되었다고 알려져 있다. 그런데 유홍준은 『완당평전』에서 추사의 제자 소치 허련이 "1878년 6월 3일에 '예산 완당 구택(추사 고택)'에 도착해 완당 공의 무덤 앞에 엎드려 절했다."는 『소치실록』 기록을 근거로 1937년 속설이 잘못되었다고 주장했다. 즉 1878년 이전에 예산 추사 고택 인근에 무덤이 있었다는 것이다.

최열은 『추사 김정희 평전』에서 김정희 '사망 후 1년 뒤 김정희와 아버지 김노경이 복권되자 이재 권돈인이 예산 추사 고택에 추사영실을 세우고 김정희의 초상화를 봉안하였다.'는 점을 들어 이때 추사 고택 인근에 무덤을 썼을 것이라 했다.

예산 추사 고택 옆에 있는 김정희의 묘는 칠십 년을 살며 이 세상에 이름을 남긴 자의 침묵의 공간이다. 그 무덤의 주인공은 자기에 대한 기록 중 한 글자도 수정할 수 없다. 오로지 후세인의 평가만이 있을 뿐이다. 김정희 공부는 나를 자평하는 시간이기도 하다. 그곳은 무언지 교의 현장이고 스스로를 돌아보는 숙고의 공간이다.

평가는 주관이 들어갈 수밖에 없지만 최대한 객관적인 평가가 이루어지면 좋겠다. 김영민은 평가하는 사람의 자세가 겸허해야 함을 강조하고 있다.

> "인간은 특정한 관점과 기준을 선택할 수 있을 뿐, 모든 관점
> 을 두루 취할 수는 없다. 따라서 평가 대상을 속속들이 파악
> 했다는 오만은 피하는 것이 좋다. 평가를 앞두고서는 가끔씩
> 바다에 가는 거다. 인간의 지평을 훌쩍 넘어서는 뭔가 원대
> 한 것을 마주하는 거다."

망망하게 펼쳐진 바다를 바라보며 평가자의 마음의 시선과 넓이를 넓힌 만큼 제대로 그리고 따뜻하게 평가할 수 있다.

남은 자가 해야 할 일

●

예산 추사영실

김정희는 명문 가문에 월성위궁의 종손으로 승승장구할 수 있는 조건을 갖추었으나 윤상도 사건으로 관직과 품계를 빼앗기는 삭탈관직을 당하고 제주 유배형을 당했다. 그의 아버지는 그때 죽은 뒤였지만 역시 삭탈관직 되었다. 이로써 월성위궁은 문을 닫게 되고 가문의 쇠락을 가져왔다.

제주 유배 후 서울에서 생활하던 김정희는 또다시 북청으로 유배 가는 시련을 겪었다. 일 년 동안의 유배에서 풀려난 뒤 4년간 과지초당에서 머물다 1856년 세상을 떠났다. 그가 죽은 지 1년 뒤인 1857년 그의 아버지와 함께 철종의 명에 따라 관작을 회복하였다. 비록 죽은 뒤였지만 명예가 회복되었다.

김정희의 관작이 회복되었을 즈음 평생의 친구이자 동지였던 권돈인은 도화서 화원이었던 희원 이한철에게 〈김정희 초상〉을 그리게 했다. 그리고 그는 초상화 상단에 화상찬을 써넣었다. 화상찬은 초상화 인물에 대한 자신의 의견을 글로 작성하는 것으로, 주로 학문적 지식이나 숨은 덕목들을 쓰는 경우가 많았다. 권돈인은 화상찬에서 김정희를 "참된 사실에서 올바름을 구하였고, 산처럼 높고 바다처럼 깊었다."라고 벗을 칭송하고 그의 죽음을 안타까워했다.

초상화가 완성되자 권돈인은 예산 추사 고택 안채 뒤에 김정희의 아들 김상무와 함께 영당을 세우고 〈추사영실〉이란 현판 글씨를 써서 새겨 걸었다. 그리고 그 안에 〈김정희 초상〉을 봉안하였다. 지금 〈김정희 초상〉 원본은 국립중앙박물관에 보관되어 있다. 〈추사영실〉 현판 글씨 원본은 간송미술관에 보관되어 있다.

예산 추사 고택을 둘러보며 그 옆에 있는 추사기념관에 들러 담당자에게 이곳이 추사의 생가인지를 물어보았다. 담당자는 생가의 위치에 대해 여러 의견이 있다고만 말했다. 이곳이 생가라고는 확실히 말하지 않았다. 그렇다면 이곳 추사 고택은 이름이 잘못 지어진 것인가. 그렇지는 않다. 이곳 추사 고택은 원래 월성위가였지만 추사가 월성위궁의 상속자였기에 추사의 집임에는 틀림이 없다. 그리고 추사 고택 안채 뒤에 있는 추사영실은 추사 고택 옆에 있는 그의 무덤과 함께 이곳이 추사의 삶에 마침표를 찍은 곳이다.

추사 고택은 김정희가 월성위궁 양자로 들어가며 그의 집이 되었고,

추사로 가는 길

예산 추사영실

죽어서도 그 집 옆에 묻혔다. 그의 사후 세상에 이름이 드높아지자 '월
성위가'가 '추사 고택'으로 재탄생했다. 김정희가 화암사 뒤 병풍바위에
〈천축고선생댁〉이라고 이름을 새겼듯이 후세인은 이 집을 '추사 고택'
으로 이름 지어 마음에 새겼다. 고택은 단순히 오래된 집을 일컫는 이
름이 아니다. 고전이 단순히 오래된 책이 아닌 것과 같다. 추사 고택은
추사의 학문과 예술이 권돈인의 표현처럼 '산과 바다처럼 높고 깊어' 얻
게 된 이름이다.

〈김정희 초상〉
추사영실에 걸려 있는 이 초상은 아천 김영철이 그렸다.
이한철이 그린 원본은 현재 국립중앙박물관에 소장돼 있다.

추사로 가는 길

추사 글씨

임금의 명으로 쓰다

•

경주 옥산서원

앞산은 무학산이요, 오른쪽은 자옥산이다. 거기에다 세심대에 자리 잡았으니 자연과 인공이 절묘하게 어울린다. 자연 속에서 문, 누각, 강당, 사당 등의 건물들을 마당으로 연결하며 일직선상에 배치하여 자연 속의 질서를 구현했다. 그곳은 성리학적 도학의 구현 장소였다. 그곳이 옥산서원이다. 자옥산의 옥산을 빌린 이름이다.

서원은 학문과 덕망 있는 유학자를 배향하는 제향 공간과 유학을 가르치고 강론하는 강학 공간으로 구성되어 있다. 사림들의 학문 전수와 세력 확장 목적이 바탕에 깔린 사립 교육기관이다. 옥산서원은 회재 이언적을 배향하기 위해 집안 후손, 지방 유림들과 지방관인 경주 부윤 이제민이 힘써 1572년 세우고 2년 뒤에 국가로부터 '옥산서원'이란 이름과 토지 등을 지원받는 사액서원으로 지정되었다. 흥선대원군의 서원철폐령에도 살아남은 47개 서원 중 하나다. 옥산서원은 교육과 장서, 출판 기능을 하고, 정문에 누마루 건축을 최초로 한 서원으로 인정되어 세계문화유산에 등재된 한국의 대표적인 서원이다.

정문인 역락문을 들어서면 누각인 무변루와 강당인 구인당이 차례로 나오고 두 건물 좌우로 기숙 공간인 암수재와 민구재가 'ㅁ'자 형태를 이룬다. 이 건물들이 강학 공간을 형성한다. 구인당 뒤 내삼문인 체인문을 들어서면 전면에 사당인 체인묘가 있고 좌우로 신도비각과 전사청이 있다. 이 건물들이 제향 공간을 이룬다. 강학 공간과 제향 공간 오른쪽에는 관리사, 문집 판각, 창고, 부엌 등이 부대시설인 관리 공간을 이룬다.

옥산서원은 회재 이언적을 배향할 목적으로 세운 서원이기 때문에 이언적의 학문과 사상, 그리고 정치와 밀접한 관련을 맺고 있는 곳이다. 옥산서원은 이언적을 이해해야 제대로 볼 수 있는 건물이자 장소다.

회재 이언적은 훈구파와 사림파의 대립으로 네 번에 걸쳐 일어난 사화의 한복판을 살았던 성리학자였다. '회재'라는 호는 성리학을 집대성한 주희의 호인 '회암'에서 '회' 자를 취한 것으로, 이언적이 주희의 학문을 따랐음을 나타낸다고 볼 수 있다. 경주향교 교관 시절 조한보와의 논쟁에서 드러나기 시작한 그의 학문은 '이단의 사설을 물리치고 성리학의 정통을 지킨' 주리론적 성리학자로 자리매김한다. 그의 학문은 조선 성리학을 집대성한 퇴계 이황으로 이어진다. 그 결과 조선 성리학을 정립한 동방오현으로 받들어지고 문묘에 종사되었다.

『논어』 학이편 제1장에는 논어의 방향을 가늠 짓는 유명한 세 문장이 등장한다. 그중에 두 번째 문장이 '먼 데서 뜻 맞는 친구가 찾아오면 또한 즐겁지 아니한가[有朋自遠方來 不亦樂乎]'이다. 옥산서원의 정문 격인 외삼문의 이름인 '역락문'은 여기서 빌린 것이다. 옥산서원은 성리학을 공부하고 이를 현실 정치에 구현하는 도반들이 모이는 곳이다. 그 구심점에 이언적이 있었다.

구인당의 '구인'은 성현의 학문이 다만 '인'을 '구'하는 데 있다는 말로, 회재 이언적의 저서 『구인록』에서 따왔다. 구인당은 성리학을 공부하는 강학 공간의 핵심이자 회재 성리학의 핵심을 공부하는 곳임을 나타내는 이름이다. 또한 사당인 체인묘의 '체인'은 '인을 몸소 체험하여 익힌다.'는 말로 어질고 착한 일을 실천에 옮긴다는 뜻이다. 인은 논어의 핵심 가치로, 체인은 조선 성리학에서도 제일 중요하게 강조하는 가치이자 덕목이다.

강당 전면에 걸린 옥산서원 현판은 김정희의 글씨다. 1839년 옥산서원이 화재로 소실되자 중건한 후 헌종이 김정희에게 현판 글씨를 쓰게 하여 하사했다. 유홍준은 〈옥산서원〉 글씨는 '솜으로 감싼 쇳덩이' 같은 힘이 서려 있다고 평했다. 비전문가가 보더라도 고졸한 미가 있는 듯하지만 오래 서서 보면 따뜻함과 아울러 내공이 있는 선비의 강직한 모습으로도 보인다. 이 글씨는 김정희가 제주에 유배 가기 직전에 쓴

경주 옥산서원
〈옥산서원〉 현판 글씨는 김정희가 썼다.

글씨로 그의 글씨가 변화해 가는 모습을 알 수 있는 글씨 중 하나다.

강당 대청 전면에 있는 옥산서원 편액은 창건 당시 사액을 받은 편액으로 아계 이산해의 글씨다. 무변루와 구인당의 편액은 한석봉으로 이름난 한호의 글씨다.

정문인 역락문의 이름, 성리학을 공부하는 강당인 구인당의 이름, 이언적을 배향하는 사당인 체인묘의 이름을 유교의 기본 텍스트인 논어의 핵심 문장과 이언적이 저술한 책 이름에서 취했다. 이는 이곳 옥산서원이 유학, 나아가 조선 중기 성리학을 응축시켜 놓은 공간임을 천명

한 것이다. 또한 누각과 강당의 현판 이름을 조선 최고의 서예가이자 유학자가 씀으로써 서원을 더욱 아름답게 만들고 있다.

자옥은 천상의 선녀가 분다고 하는, 자줏빛대로 만든 통소라고 한다. 자옥산에서 들려오는 천상의 통소 소리가 옥산서원 구인당에서 글 읽는 소리와 화음을 이루니, 무학산에서는 학들이 춤을 춘다. 뜻 맞는 도반들이 모여들어 성현의 말을 새기니 옥산서원이 세심대로다.

이삼만과의 인연

•

완주 이삼만 묘와 〈정부인광산김씨지묘〉

나는 조선 후기의 명필로 당연 김정희를 꼽는 데 주저하지 않는다. 그런데 이 시기 조선의 3대 명필로 알려진 서예가가 있다. 눌인 조광진과 창암 이삼만이다. 조광진은 추사와 서신을 주고받는 등 교류가 있었지만 추사와 이삼만은 교류가 거의 없었다. 그런데 두 명필의 만남은 극적으로 만나 시시하게 끝났다.

유홍준은 두 사람의 만남이 '사실을 확인할 수 없지만 능히 있었을 법한 전설적인 일화'로 전해 온다고 했다. 1840년 김정희가 제주 유배길에서 전주를 지날 때 그곳을 중심으로 활동하던 유명한 서예가 창암 이삼만을 만났다. 이삼만이 김정희에게 글씨를 보여 주며 평을 부탁하자 '노인장께선 시골에서 글씨로 밥은 먹겠습니다.'라며 혹평을 했다는 것이다.

이를 옆에서 지켜보던 이삼만의 제자들이 김정희를 두들겨 패려 하자 이를 만류하며 '저 사람이 글씨를 잘 아는 것 같지만 조선 붓의 해지는 멋과 조선 종이의 스미는 맛은 잘 모르는 것 같네.'라고 속으로 말했다고 한다. 추사의 직설적인 품평과 이삼만의 자존심이 창과 방패처럼 부딪치는 자리였다.

9년이 흐른 1849년 김정희가 제주 유배에서 풀려 집으로 돌아갈 때 전주에 들러 이삼만을 찾았으나 2년 전인 1847년에 세상을 뜬 후였다. 유배 갈 때 심하게 비판했던 것이 몹시 마음에 걸렸을까. 김정희는 이때 죽은 이삼만의 묘비문을 써 주었다. '명필 창암 완산이공삼만지묘'라고 묘표를 쓰고, 뒷면의 묘문에는 '공의 글씨는 우리나라 으뜸으로 노년에 들어 더욱 신묘해져서 그 이름이 중국에까지 알려졌다. 제자 수십 명이 날마다 모시고 글씨를 배워 세상에 그 이름을 드날린 자 또한 많았다.'고 썼다고 전해진다.

내가 묘를 찾아 묘비를 보니 해서체로 쓴 묘표는 보이나 뒷면은 풍화가 되었는지 처음부터 글자를 새겨 넣지 않았는지 보이지 않았다. 그래서 연구자들 사이에 묘표의 글씨도 김정희의 글씨가 아니라고 주장하는 자도 있다. 김정희가 묘표를 쓸 때는 대개 예서체로 썼는데 이 비는 해서체로 썼다는 점도 그렇게 보인다. 다만 전해져 오고 있다는 것으로 알고 있을 뿐이다. 무엇이 옳은지 전문가들의 고증이 더 필요한 부분이다.

완주 이삼만의 묘비

　제주로 유배 갈 때 이삼만에게 혹평을 했다는 것은 사실로 확인할 수 없지만, 묘비에서 김정희는 이삼만을 명필로 평가하고 있다. 이를 두고 김정희가 제주 유배에서 더욱 성숙한 인간적인 면모로 변했다고 평하는 사람도 있다. 수긍이 가는 말이지만 사실에 대해 자기주장을 명확히 밝히는 추사가 단순히 마음이 변해서 그랬을까. 김정희는 당대 최고의 명필로서 명필 이삼만의 글씨를 제대로 평가해 주고 싶었던 것이 아닐까. 김정희와 이삼만은 묘에서 만나 그간의 짐을 털어 내고 서로를 인정한 셈이 되었다. 이것도 전해져 오는 이야기이니 정확한 고증이 필요하겠다.

김정희와 이삼만은 묘비 〈정부인광산김씨지묘〉에서 또 만나게 된다. 이 묘비는 전주 최씨의 부인 광산 김씨가 효자의 모친이란 사실을

완주 〈정부인광산김씨지묘〉
완주 나들목 입구에 있는 완주IC주유소에서
두 시 방향 언덕으로 150m 정도 오르면 나온다.

추사로 가는 길

기록하기 위해 건립되었다. 묘비 앞면의 묘표는 김정희가 썼고, 묘비 뒷면의 묘문은 이삼만이 썼다. 이러한 사실을 후면 비문의 말미에 "규장각 대교 경주 김정희가 예서로 전면을 쓰고 완산 이삼만이 음기를 썼다."고 새겨 놓았다. 비문에 의하면 이 묘문을 쓴 시기는 김정희 나이 48세 때인 1833년으로 김정희가 관직에 올라 이른바 승승장구를 구가하던 시기였다. 예서체로 쓴 묘표는 특히 '부인광' 자에서 획이 둥글게 위로 올라가는 독특한 서체를 보여 준다.

이삼만은 조선 후기 전주 지방을 중심으로 활동한 호남지방의 대표적인 서예가로 이름을 날렸다. 특히 초서를 잘 썼고 그래서 그의 서체를 창암체라고 부르기도 한다. 또한 그는 '물같이 흐르는 서체'인 유수체로 필명을 날렸다. 그는 동국진체를 이어오면서 서법을 서첩에 남겨 한국 서예사에 많은 업적을 남겼다. 특히 〈화동서법〉을 간행했으며, 중국과 조선 서법의 연원과 성과를 집대성했다.

큰 나무 아래에서는 나무가 자라지 못한다는 역설적인 말이 있다. 큰 나무의 그늘이 그렇게 만든다는 것이다. 김정희라는 거목이 당대를 풍미할 때 지방에 있던 이삼만은 그 그늘에 가려 빛을 보지 못했다. 하지만 두 명필은 〈정부인광산김씨지묘〉 묘비에서 만났다. 비문을 부탁한 사람도 두 사람이 모두 명필이었기에 하나의 묘비에 나란히 글씨를 새겨 넣었을 것이다. 앞과 뒤 글씨의 수준이 기울어지면 어색하기 때문이다. 이러한 사실을 그들은 생전에 알고 있었을까.

김정희와 창암 이삼만이 만난 전설 같은 이야기는 김정희를 높이 평가하는 과정에서 나온 있을 법한 이야기는 아니었을까. 혹시 김정희가 이삼만의 글씨를 낮게 평가한 것도 두 사람의 글씨가 〈정부인광산김씨지묘〉 묘비에 함께 있다는 점 때문에 그랬을까. 하지만 후인들이 〈정부인광산김씨지묘〉에서 두 명필의 글씨를 볼 수 있다는 것은 행운이다.

이광사 글씨 평

●

해남 대흥사

김정희는 제주 유배길에 해남 대흥사에 들러 평생의 벗 초의를 만나 하룻밤을 초의의 처소인 해남 대흥사 일지암에 머물렀다. 밤새 불교와 자신의 처지, 세상사 이야기를 나누고 이튿날 제주로 떠나는 배를 타기 위해 해남 이진포로 갔다. 그 하룻낮과 밤 사이에 18, 19세기 한국 서예사에 큰 획을 그은 원교 이광사와 김정희의 시대를 초월한 인연 이야기가 믿기 어려운 전설처럼 전해 온다.

대흥사에 들러 대웅전을 본 김정희가 이광사가 쓴 〈대웅보전(大雄寶殿)〉 현판을 떼어 내고 자기가 쓴 글씨로 바꿔 달라고 했다는 것이다. 조선의 글씨를 망쳐 놓은 원교 이광사의 글씨를 평생지기가 수행하는 대흥사 주불전인 대웅전 현판으로 걸어 놓는 것은 적당하지 않다고 생각했을까. 김정희가 실제 써 주고 초의가 바꿔 달았는지, 그가 제주 유배에서 풀려나 서울로 가는 중에 대흥사에 들러 8년 5개월 전에 떼어낸 이광사가 쓴 〈대웅보전〉 현판을 다시 걸라고 했는지 알 수 없다.

해남 대흥사 대웅보전
〈대웅보전〉 현판은 이광사의 글씨다.

이를 두고 오만했던 김정희가 제주 유배 기간 인간적으로 성숙해졌다고 평가하는 사람들이 생겨났다. 이에 대해 죽기 일보 직전까지 가면서 만신창이가 된 김정희가 유배 가는 도중에 한가하게 글씨를 바꿔 달라고 했겠느냐며 전설 같은 이야기로 치부하는 사람들도 있다. 전설이 본래 있을 법한 이야기이지만 합리적으로 믿기 어려운 속설이니 어

추사로 가는 길

느 쪽이 사실에 가까운지는 누구도 모를 일이다.

다만 김정희가 원교의 필법을 비판한 것은 사실이었기에 전설 같은 이야기가 나올 만도 하겠다. 김정희는 이광사의 서예이론서인 『서결』을 비판하며 자기의 서예론을 주장했다. 추사가 원교의 『서결』을 비판한 글이 〈서원교필결후(書員嶠筆訣後)〉다. 추사는 이 글에서 이광사의 서예론에 대해 9가지 내용을 들어 비판하고 논술했다.

"원교가 쓴 서결에 이르기를 '우리 동쪽 나라는 고려 말 이래로 모두 붓을 뉘어서 써서 획의 위와 왼쪽은 붓끝이 지나가므로 먹빛이 진하고 매끈하며, 획의 아래와 오른쪽은 붓 허리가 지나게 되므로 먹빛이 묽고 거칠어서 획이 모두 치우치고 메마르니 완전치 못하다.'라고 하였다. 이는 자세하게 분석한 것 같으나 가장 말이 안 되는 소리다. 위는 다만 왼쪽만 있고 오른쪽은 없으며 아래도 다만 오른쪽만 있고 왼쪽이 없다는 말인가, 붓끝이 지나는 바로는 아래에까지 미치지 못하며 붓 허리가 지나는 바로는 위로까지 미치지 못한단 말인가. 진하고 엷고 매그럽고 거친 것은 먹 쓰는 법에 있는 것이니 붓을 뉘어서 쓰느냐 곧게 쓰느냐 하는 것으로 그것을 탓할 수 없다."

김정희는 청대 고증학을 토대로 고대 금석문을 중시하는 비학(碑學)

의 입장에서 왕희지 이래의 법첩을 본보기로 삼는 첩학의 입장이었던 이광사의 서예론을 비판했다. 법첩은 명필의 글씨를 목판이나 돌에 새겨 찍어 낸 서첩을 말한다. 추사의 이광사 비판은 곧 고대 비석의 좋은 탑본을 서예탐구의 올바른 기준으로 삼아야 한다는 것이다. 그래서 이 비판 글은 글씨를 연마하는 데 있어 금석문 고증의 필요성을 강조한 김정희의 핵심적인 서예 이론이다.

유홍준은 김정희의 이광사 비판에 "추사는 원교가 죽고 9년이나 지난 뒤에 태어났다. 당연히 역사적 비평으로 임해야 할 것을 동시대적 비평처럼 했다. 추사 역시 100년 전에 태어났다면 북비남첩론을 주장하지는 못했을 것이다. 그런 점에서 추사는 역사를 너무 쉽게 생각했고 원교에게 잘못한 것이 많았다."고 평했다.

북비남첩론은 남북서파론과 함께 김정희가 연경에서 만나 스승으로 삼은 완원의 서예 이론이었다. 남첩은 중국 위진남북조 시대 남조의 왕희지 계열의 서풍으로 이것을 배우는 것을 남파라고 하고, 북비는 북조 특히 북위의 비의 서풍을 가리키는 것으로 이것을 배우는 것을 북파라 했다. 완원은 '남파는 글씨에 강남의 풍류가 있어서 소탈, 분방하여 곱고 미묘하였고, 북파는 중원의 전통인 옛 법칙을 지켜 내려온 것으로 구속하듯 고졸하여 비문을 쓰는 데 뛰어났다.'고 했다.

추사의 서예론은 완원의 북비남첩론과 남북서파론에 뿌리를 두고 북파를 지지했다. 자연히 남파의 조종 격인 왕희지의 법첩을 모본으로 삼던 종래의 글씨를 배척하게 되었다. 이런 점으로 미루어 보면 김정희의 이광사 비판은 당연한 귀결이었다. 자신의 서예 이론을 확립하기 위한 서예가의 관점을 밝힌 것이다. 표현의 과격함은 이를 분명하게 나타내려고 한 표현 방식이 아니었을까 싶다.

동국진체는 18세기 '진경시대'라고 할 만큼 문화의 비약적 발전을 이룬 시대적 상황에서 진체(晉體)인 왕희지체를 바탕으로 창안된 서체다. 이 서체는 옥동 이서가 서법을 정립하고 원교 이광사가 완성한 서체로 조선 고유의 서체였다. 기존의 그릇된 서풍에 일신을 요구하며 서법을 새롭게 정립하고자 시도한 흐름이었다.

그런데 고증학을 바탕으로 금석문을 연구한 김정희가 이런 서예 흐름에 대해 비판했다. 중국에서 남파와 북파가 서로의 장점을 토대로 발전하였듯이 김정희는 이광사를 넘어 새로운 영역으로 나아가고자 했다. 그건 바로 창조적 파괴의 움직임이었다. 동국진체와 추사체는 우열을 가릴 수 있는 것이 아니다.

전설 같은 이야기에 사족을 덧붙인다. 초의가 당시 김정희와 만났던 이야기를 김정희가 죽은 뒤 그를 추념하는 제문에 기록하였는데, 전설 같은 '현판 바꿔 달기' 이야기는 없다. 김정희가 써 준 현판을 떼어 냈다면 지금 남아 있을 가능성이 큰데 대흥사 성보박물관에도 없다. 또 유배 가는 중에 사약을 받는 죄인들도 있었다는 점을 고려하면 김정희도 유배길에 한가하게 글씨를 논할 만한 상황은 아니었을 것으로 생각된다.

한편으로 당시 김정희는 지금 대웅전 왼쪽 아래 건물에 걸려 있는

〈무량수각(无量壽閣)〉현판 글씨를 써 주었다. 유배라고는 하지만 언제 죽음의 선고가 내려질지 모르는 벗 추사에게 초의가 써 달라고 부탁한 것은 아니었을까. 무량수는 인도 산스크리트어 '아미타-유스 Amitāyus'의 번역어다. 아미타란 '한량이 없다.'는 의미이며, 유스는 '수명'이라는 뜻이라 중국에 불교가 들어올 때 무량수라고 한역했다. 무량수는 '수명에 한량이 없다.'는 뜻이다.

이 글씨는 죽음에 내몰린 벗 김정희를 살리고자 하는 간절한 마음을 담아 초의가 부탁하지 않았을까. 초의가 머물던 대흥사에 현판으로 걸어 놓고 김정희의 안전을 기원하는 상징물로 삼았을 것 같다. 초의는 김정희가 제주 유배 간 뒤 대광명전을 짓고 추사의 안전을 기원했다고 한다. 이런 정황으로 보면 〈무량수각〉은 김정희를 살리고자 하는 벗 초의의 간절한 기원이 담긴 글씨가 아니었을까. 이것도 전설 같은 이야기이지만 말이다.

김정희도 무량수라는 말을 좋아했던 건 아닐까 싶게 〈무량수각〉 현판을 여러 개 썼다. 유배 중 가문의 원찰이었던 화암사를 중건하고 새로 걸 현판을 썼는데 그중 하나가 〈무량수각〉이다. 화암사에 걸려 있던 그 현판은 지금 수덕사 근역성보박물관에 보관되어 있다. 그리고 추사 고택에도 〈무량수〉라는 현판을 써서 걸게 했다.

추사의 해남 대흥사 〈대웅보전〉 '현판 바꿔 달기' 이야기는 이를 소개한 유홍준의 말처럼 있을 법한 전설 같은 이야기다. 이 이야기는 오를 수 없는 산이었던 김정희를 바라보는 후세인의 다양한 마음과 생각이

해남 대흥사 무량수각
〈무량수각〉 현판 글씨는 김정희가 썼다.

중첩된 것은 아닐까. 이광사가 쓴 현판을 떼어 내라고 했을 때와 다시 걸라고 했을 때의 김정희는 분명 달랐다. 시간과 수련이 숙성의 단계를 끌어올리지 않았을까.

이렇게 보면 김정희의 글씨는 성철 스님이 말하면서 유명해진 '산은 산이요 물은 물이다.'라는 말의 변화 과정을 밟은 게 아닐까. 24세 때 청 연경에 가기 전에는 대가들의 글씨를 임서하며 그게 좋은 글씨라고 보았던 '산은 산이요.'의 단계, 연경에서 옹방강과 완원을 만난 후로 기존의 좋은 글씨에서 벗어나는 '산은 산이 아니요.'의 단계로 접어들었다.

마지막으로 제주 유배 시절 동주 이용희의 말대로 '심심해서 쓰고 화가 나서 쓰고 싶어 쓰고 마음 달래려 쓴' 후 새로운 경지에 들어가며 앞의 두 단계를 있는 그대로 인정하는 '다만 산은 산이요.'의 단계로 접어든 게 아니었을까. 그러면서 김정희는 비로소 전설이 되어 감히 '오를 수 없는 산'이 되었다. 추사 글씨는 이로써 무량수의 경지를 획득한 불후의 글씨가 된 것이 아닐까.

우리 오래도록 잊지 말자

•

〈세한도〉

추사체와 더불어 〈세한도(歲寒圖)〉는 김정희를 떠올리게 하는 작품이다. 국보로 지정된 것을 떠나 김정희를 이해하는 키워드를 제공하는 작품이다. 그래서인지 많은 전문가들이 이 작품을 다양한 각도에서 분석하고 감상기를 남겼다. 문외한인 나조차도 후지츠카 치카시(藤塚鄰)가 1939년 회갑 기념으로 만든 세한도 영인본을 저본으로 하여 만든 〈세한도〉를 표구하여 서재에 놓을 정도이니 더 말해 무엇하겠는가. 일종의 복제품이지만 〈세한도〉의 세계를 이해하는 데 큰 도움이 된다. 〈세한도〉를 저마다의 식견으로 감상하는 것은 큰 즐거움 중의 하나다.

〈세한도〉는 화제와 그림 그리고 발문으로 나누어 볼 수 있다. 먼저 화폭 오른쪽 상단에는 '세한도'라는 화제와 함께 '우선(藕船, 우선은 이상적의 호)이 보시게.'란 뜻의 '우선시상'과 김정희의 호 '완당'이 쓰여 있고 붉은 인장 '정희'가 찍혀 있다. 김정희는 그가 즐겨 썼던 호 완당과 본명 정희를 '우선시상' 아래에 쓰면서 이 그림은 김정희가 이상적에게 준다는 것을 적시하고 있다.

〈세한도〉, 국립중앙박물관 소장

화제 왼쪽 화폭에는 소나무, 잣나무와 초옥으로 구성된 그림이 그려져 있다. 초묵을 찍어 거칠고 메마른 붓질로 그린 그림은 추운 겨울의 스산함과 꼿꼿함을 강렬하게 표현하고 있다. 극도의 절제와 생략은 당시 김정희의 내면세계를 비추어 보기에 충분하다. 그림 왼쪽 끝에 그의 호 완당 인장이 찍혀 있다. 혹시 노송이 추사가 어린 시절 큰아버지 김노영의 양아들로 들어가 살았던 월성위궁 인근에 있던 백송은 아니었을까. 엉뚱한 생각이지만 화려했던 월성위궁과 제주 유배 중인 초라한 처지가 대비되지는 않았을까.

김정희는 〈세한도〉를 그릴 때 혜주로 귀양 갔던 소동파가 자신을 찾아온 아들을 보고 기쁜 나머지 그려 준 〈언송도(偃松圖)〉를 떠올렸다

추사로 가는 길

고 전한다. 김정희는 소동파와 자신의 처지가 같다고 생각했다는 것이다. 그래서 이파리가 거의 떨어진 소나무와 세 그루의 잣나무를 떠올리고 그렸다. 노송은 귀양살이하는 김정희 자신, 세 그루의 잣나무는 김정희의 초췌한 처지를 보고도 의리를 저버리지 않는 제자 이상적을 상징하는 것처럼 보였다.

그리고 맨 왼쪽에는 작은 해서체로 쓴 발문이 있다. 〈세한도〉는 제주에 유배 중인 스승을 위해 중국에서 새로운 자료를 구해 보내준 역관 제자 우선 이상적에게 추사가 고마운 마음을 담아 그려 준 문인화다. 김정희는 이런 내용을 세한도 발문에 써 넣었다. 발문은 제목 옆에 세로로 쓴 '우선시상'에 대한 설명인 셈이다. 발문 끝에 그의 호 추사 인장이 찍혀 있다. 발문의 내용이 좀 길어 이해하기 쉽게 네 부분으로 나누어 보았다.

〈1〉 지난해에 『만학집』과 『대운산방문고』 두 책을 부쳐주었고, 금년에 또 우경이 지은 『황청경세문편』을 부쳐 주었다. 이는 모두 세상에 흔히 있는 일이 아니며, 천만리 먼 곳에서 구입한 것이고 여러 해를 걸려 입수한 것이지, 한때의 일로 이루어지는 것이 아니다. 그리고 세상은 세찬 물결처럼 오직 권세와 이익만 따르는데, 이토록 마음과 힘을 들여 얻은 것을 권세와 이익이 있는 곳에 돌리지 않고, 바다 건너 외딴섬에서 초췌하게 귀양살이 하고 있는 나에게 돌리기를 마치 세상 사람들이 권세와 이익을 추구하듯 하고 있다.

〈2〉 태사공 사마천이, '권세나 이익 때문에 사귄 경우에는 권세나 이익이 바닥나면 그 교제가 멀어지는 법이다.'라고 하였다. 그대 역시 세속의 거센 풍조 속에서 살아가는 한 인간이다. 그런데 어찌 그대는 권세와 이익 밖에 홀로 초연히 벗어나 권세나 이익을 잣대로 삼아 나를 대하지 않는단 말인가? 태사공 사마천의 말이 틀렸는가?

〈3〉 공자께서 '차가운 겨울이 되어서야 소나무와 잣나무가 시들지 않는 것을 알 수 있다.'고 했다. 소나무와 잣나무는 사철을 통해 늘 잎이 지지 않는 존재다. 차가운 겨울 이전에도 똑같은 소나무와 잣나무요, 차가운 겨울 이후에도 변함없는 소나무와 잣나무다. 그런데 성인께서는 유달리 차가운 겨울이 된 이후에 그것을 칭찬하였다. 지금 그대가 나를 대하는 것을 보면 내가 곤경을 겪기 전에 더 잘 대해 주지도 않았고 곤경에 처한 후에 더 소홀히 대해 주지도 않았다. 그러나 나의 곤경 이전의 그대는 칭찬할 만한 것이 없겠지만 나의 곤경 이후의 그대는 역시 성인의 칭찬을 들을 만하지 않겠는가? 성인께서 유달리 칭찬한 것은 단지 차가운 겨울이 돼서도 시들지 않는 곧은 지조와 굳센 절개뿐만 아니라, 차가운 겨울이라는 계절에 느끼는 바가 있었기 때문이다.

〈4〉아! 서한의 순박한 시대에 급암이나 정당시 같은 훌륭한
사람도 그들의 처지에 따라 빈객이 많고 적은 차이를 보였
다. 하비 땅의 적공이 대문에 써 붙인 글은 박절한 인심의 극
치라 하겠다. 아, 슬프다! 완당노인 쓰다."

추사는 〈1〉에서 이상적이 자기가 부탁한 서적 등을 중국에서 구해다
준 내용을 쓰고, 〈2〉에서는 사마천이 한 말을 인용하며 이상적의 변함
없는 마음과 행동에 고마움을 표현했다. 〈3〉과 〈4〉에서는 그 고마움을
『논어』와『사기』에서 공자와 사마천이 한 말을 인용하여 더욱더 강조했
다. 공자의 말은『논어』「자한」편에서 인용하고, 사마천의 말은『사기』
「급정열전」에서 인용했다.

이렇게 김정희는 유교 경전 중의 고전인『논어』와 중국 역사책의 전
범인『사기』의 내용을 들어 이상적에 대한 고마움을 곡진하게 표현했
다. 이는 김정희가 세한도를 그리게 된 배경으로 세인들에게 널리 알
려지게 되었다. 김정희가 이상적에 대한 깊은 신뢰와 고마움을 강조하
기 위해 인용한 사마천의『사기』「급정열전」내용을 부연하면 다음과
같다.

사마천은『사기』「급정열전」에 중국 서한 시대의 급암과 정당시의 업
적을 기록하였다. 사마천이 보기에 급암과 정당시는 훌륭한 관리였는

데, 권력의 부침에 따라 사람들이 그들에게 빌붙거나 떨어져 나갔던 사실을 보았다. 그래서 사마천은 「급정열전」 마지막에 이런 세태에 대해 자기가 하고 싶은 말을 적공의 말을 인용했다. 사마천이 인용한 적공의 말은 다음과 같다.

> "처음 내가 정위(지금의 검찰총장)가 되자 빈객들이 문전성시를 이뤘지만, 내가 파면되자 문밖에 참새 잡는 그물을 쳐도 될 정도로 한산했다. 다시 내가 정위로 복권되자 예전처럼 사람들이 다시 몰려들었다. 그래서 나는 대문에 '한번 생사의 고비를 넘겨 보니 비로소 사귀는 정을 알겠고, 한번 빈부를 겪어 보니 비로소 사귀는 태도를 알겠고, 한번 귀천을 경험해 보니 사귀는 정이 비로소 보이는구나.'라고 크게 써 붙였다."

요컨대 훌륭한 인품을 갖춘 권력자라도 실권하면 그들에게 빌붙었던 자들이 떨어져 나가는 세태를 급암과 정당시란 인물의 열전인 「급정열전」에 쓰고, 마지막에 이를 확인하듯 적공이 한 말을 함께 써 놓았다. 적공이 한 말은 사마천이 하고 싶었던 말이었다.

김정희는 세한도 발문에 사마천이 쓴 『사기』 「급정열전」의 내용을 쓰면서 권력의 부침에 따라 빌붙고 떨어져 나가는 세상인심을 따르지 않는 이상적에게 크나큰 고마움을 표현했다. 이를 강조하려는 듯 김정희

추사로 가는 길

는 〈세한도〉에 그가 즐겨 사용한 두 개의 호 완당과 추사, 그리고 본명을 모두 인장으로 찍어 자신의 마음을 표현했다.

〈세한도〉는 그림과 글씨 그리고 인장이 하나가 되어 사람 사이의 따뜻하고 한결같은 마음을 표현한 심도(心圖)다. 추사는 이런 마음이 변치 않기를 바랐는지 화폭 오른쪽 하단에 '장무상망(長毋相忘)' 인장을 붉게 찍어 놓았다. '오래도록 잊지 말자.'는 뜻이다.

〈세한도〉는 이상적 사후에 민씨 일가로 넘어갔다가 일본인 후지츠카 치카시의 손에 들어갔다. 그 후 서예가 손재형이 그에게서 세한도를 양도받았는데, 양도받은 지 석 달이 지난 1945년 3월, 도쿄대 공습으로 후지츠카 치카시의 서재가 불타 버리면서 그가 수집한 추사의 수많은 작품들도 함께 사라졌다고 한다. 후지츠카의 아들 후지츠카 아키나오(藤塚明直)는 그때 다행히 소실되지 않은 추사 작품과 관련 자료를 모아 2006년 과천 추사박물관에 기증했다. 아버지는 추사를 연구하고 아들은 추사 작품을 본국으로 돌려보내는 아름다운 선행을 대를 이어 했다.

〈세한도〉는 이렇게 대한해협을 건너오며 기적같이 살아남았다. 그후 〈세한도〉는 손세기에게 넘어갔고 그의 사후 아들 손창근이 보관하고 있다가 2020년 1월 국립중앙박물관에 기증했다. 이제 〈세한도〉는 사유재산에서 공유문화유산으로 재탄생하였다. 손세기, 손창근 부자의 통 큰 기부 덕분에 나도 진품을 맘껏 볼 수 있게 되었으니 그들의 노블레스 오블리주에 깊이 감사할 따름이다.

후지츠카 치카시의 아들과 손세기의 아들의 김정희 작품 기증은 생각할수록 아름답다. 후지츠카 치카시와 손세기는 자식 농사 한번 제대로 지었다. 스승 김정희에 대한 이상적의 한결같은 마음, 김정희의 이상적에 대한 고마운 마음이 탄생시킨 〈세한도〉와 함께 그들의 기부행위도 국보급이었다. 명품을 소유하고픈 욕망이 현대인의 표상 중 하나일 텐데, 그들은 세태를 따르지 않았단 말인가?

추사로 가는 길

추사의 교수법

●

제주 대정향교와 〈의문당〉

2021년 김정희 적거지를 찾았을 때는 〈세한도〉를 모티프로 지어진 추사관이 문을 닫은 상태라 추사의 글씨를 포함한 유물을 볼 수 없었다. 이번 방문에서 꼭 보고 싶었던 것이 〈의문당〉 현판이었다. 대정향교 기숙사인 동재에 걸려 있었는데 대정향교에서 제주추사관에 기증하였기 때문이다. 진본을 보는 것은 문화유산을 보는 큰 즐거움 중의 하나다.

김정희는 제주 대정에서 위리안치 유배형을 살면서 무엇을 했을까. 그는 적거지 유배형이었기 때문에 대정 관내 이동이 자유롭지 못했다. 그래서 김정희는 적거지에서 지내는 동안 이상적 등이 보내 준 책을 읽고 글씨를 쓰고 제주 사람들에게 학문을 가르치며 보냈다. 이를 통해 김정희는 지적 유산을 유배지 제주에 남겼다.

대정은 섬이었던 제주에서도 남서쪽 외진 곳에 있었기에 사람들이 학문을 배울 수 있는 기회가 적었다. 김정희는 대정 사람들의 지적 수준에 대해 "내가 처음 이곳에 왔을 때 구경(九經)의 빛을 보여 주고 문선의 이치를 설명해 주면 모두가 당황하고 머리에 들어가지 않는 것이 마치 모기 부리가 철벽을 만난 것과 같다."고 할 정도로 무지하다고 보았다. 구경은 『주역』, 『논어』 등 아홉 가지 유교 경서를 말하고, 『문선』은 중국 양나라의 소명태자 소통이 엮은 시문선을 말한다.

김정희의 적거지인 강도순의 집 바깥채는 추사가 제주 사람들에게 학문과 서예를 가르치던 공간이었다. 제주에 유배하러 온 다른 양반 사대부들처럼 추사도 유배 시절에 많은 제자들을 가르쳤다. 원근 각지에서 글을 배우러 오는 사람들이 많았다. 그때 가르친 제자들은 강사공·박혜백·허숙·이시형·김여추·이한우·김구오·강도순·강기석·김좌겸·홍석호 등이다.

붓을 만드는 장인 박혜백은 김정희에게 글씨 쓰기를 배웠다. 그는 김정희의 인장 180여 개를 모아 『완당인보』를 만들었다. 또한 붓에 대해 까다로웠던 김정희에게 붓을 만들어 주었다. 그는 김정희가 해배 되어 제주도를 떠날 때 동행한 제자 중 수제자였다. 이한우는 「추사 선생의 수성초당에 부쳐」라는 시를 쓴 제자였고, 강도순은 김정희가 머물던 집의 주인으로 제자가 되었다. 그의 동생 강도휘도 김정희의 제자가 되었다. 이시형은 김정희 유배 동안 곁을 지켰던 사람이다. 김구오는 김정희에게 시 쓰는 법과 전각을 배우고 이를 아들과 손자에게 가르쳤던 제자다.

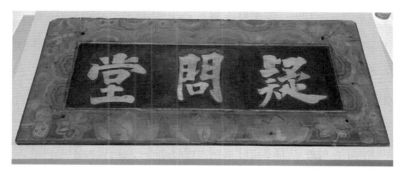

〈의문당〉, 제주추사관 소장

양진건은 '생공설법 완석점두(生公說法 頑石點頭)'의 고사를 소개하며 추사는 생공과 같이 가르치려고 했다는 것이다. '생공설법 완석점두'는 중국 동진의 고승 생공이 불력을 증명하려 사람 대신 돌들을 모아 놓고 설법할 때 돌들이 하나같이 흔들렸는데, 마치 돌들이 설법에 감응해 고개를 끄덕인 것처럼 보였다는 일화를 말한다.

김정희가 사람들을 가르치자 그 이름이 널리 퍼졌다. 1846년 당시 대정현 훈장이자 김정희의 제자였던 강사공의 요청으로 대정향교의 기숙사인 동재에 걸 현판 글씨 〈의문당(疑問堂)〉을 써 주었다. '의심나는 것을 묻는 집'이란 뜻이다. 경전을 읽고 탐구할 때 질문하는 자세로 임해야 새로운 세계를 볼 수 있다는 것이다. 이 현판 뒷면에는 훈장 강사공의 요청으로 1846년 11월 추사가 쓰고 향원 오재복이 새겼다고 써 놓았다.

　대정향교와 〈의문당〉 현판을 보며 나는 의심나는 것을 묻는지 자문해 보았다. 궁금증을 풀기 위해 제주 대정까지 달려왔다. 김정희에 대한 무지에서 벗어나려는 발걸음이었다. '유배객(김정희)을 맞이한 것은 뛰어난 선생을 얻은 것과 같았다'는 유홍준의 말처럼 김정희는 선생이었다. 그가 쓴 〈의문당〉은 김정희 선생이 제주 후학들뿐만 아니라 지금의 나에게도 주는 화두였다.

　김정희는 양반 사대부로서 유배지에서 책을 읽고 글씨를 쓰면서 제자들을 가르쳤다. 추사의 5촌 조카이자 제자인 민규호는 추사의 가르침으로 제주의 "인문은 크게 열렸다."고 했다. 가르치며 배운다는 말과 같이 제주에서 제자들을 가르치는 과정이 김정희에겐 인격 수양의 시간이었을 것이다. 그 결과 그에게 덧씌워진 허울을 한 꺼풀 벗겨 낼 수 있었고 제주 유배에서 새롭게 태어나는 계기가 되었다.

은혜로운 빛

•

제주 김만덕 객주와 〈은광연세〉

2021년 봄이 다 가기 전 제주 추사 적거지를 찾아갔을 때 야외 안내판에 쓰여 있던 〈은광연세(恩光衍世)〉를 처음 보았다. 추사가 이런 글씨를 왜 썼지? 하는 의문을 갖고 자료를 찾아보니 제주에 유배 갔을 때 김만덕의 선행을 듣고 손자였던 김종주에게 현판으로 쓸 글씨를 써 주었다는 것을 알게 되었다.

예서체로 쓰인 〈은광연세〉는 '은혜로운 빛이 온 세상에 넘치는구나.'라는 뜻이다. 글씨 관지에는 이 글씨를 쓰게 된 사연을 써 놓았다.

"김종주의 할머니가 섬에 기근이 들었을 때 크게 베풀었다. 그래서 특별한 은혜를 입어 금강산에 들어갈 수 있었다. 신

〈은광연세〉, 제주 김만덕기념관 소장

분 높은 이들이 모두 기록하여 전하고 노래를 지어 읊었다.
이는 고금에 드문 일이었다. 이 편액을 써 주어 그 집안을 드
러내고자 한다."

　김종주 대모 즉 할머니 김만덕이 기근에 굶주린 제주 사람들에게 은
혜를 베풀었고, 이것이 임금에게 알려져 금강산을 유람하는 은혜를 입
었고, 양반 사대부들이 김만덕의 선행을 칭송했다는 것이다. 그래서
그의 빛나는 선행을 세상에 알리고자 편액을 썼다. 구체적인 사연은
이렇다.

　김만덕은 제주 출신으로 1750년 11세 때 전염병으로 부모를 잃고 이
웃 기생집 수양딸로 들어가서 기생이 되었다. 스무 살이 넘어 관청에

추사로 가는 길

소원하여 양민으로 되돌아왔다. 양인 신분으로 돌아온 김만덕은 객줏집을 차려 거상이 되었다. 1793년 제주에 대기근이 들었을 때 정부가 보낸 수송 선박이 침몰하자 김만덕은 모든 재산을 풀어 제주 백성 구제에 앞장섰다.

1796년 제주 목사로부터 김만덕의 구휼에 대한 보고를 받은 정조는 김만덕에게 소원을 말해 보라고 했다. 김만덕이 임금이 사는 한양 궁궐과 금강산을 보고 싶다고 말했다. 정조는 김만덕이 섬을 나와 한양 궁궐에 들어와 왕을 알현할 수 있도록 '내의원 의녀 반수'라는 관직을 내렸다. 김만덕의 알현을 받은 정조는 김만덕의 손을 잡고 칭송하며 금강산 여행을 잘 할 수 있도록 관리에게 명을 내렸다.

김만덕은 임금이 잡아 준 손을 명주로 감고 금강산을 구경했다. 손에 감은 명주는 제주에 내려갈 때도 풀지 않았다고 한다. 백성들에게 은혜를 베푼 김만덕이 성은에 감복한 행동이었다. 선행은 또 다른 선행을 낳는다는 말이 이를 두고 한 말인가 싶다.

김만덕이 금강산 구경을 마치고 제주로 돌아간다는 소식을 들은 양반 사대부들이 김만덕의 선행을 칭송하는 글을 썼다. 박제가는 김만덕에게 이별의 시 네 수를 써 주었다. 형조판서 이가환도 김만덕의 선행을 시로 지어 칭송했다. 영의정 채제공은「만덕전」을 써서 주었다.

김정희는 김만덕이 세상을 뜬 지 30년이 지나 제주에 유배 가서 이런 사실을 알고 김만덕의 손자 김종주에게 현판 글씨를 써 주며 마음을 표현했다. 당시 흉년으로 기근이 들었을 때 많은 백성을 구휼한 김만덕의 노블레스 오블리주 정신이 드높다. 그 아름다운 선행 이야기를 듣고 소원을 들어준 정조 임금과 훗날 그 이야기를 듣고 〈은광연세〉를 써준 김정희의 마음이 넓고 따뜻하다.

제주 김만덕 객주

추사로 가는 길

아름다운 사제 관계

●

진도 운림산방 〈소허암〉

국무총리를 지냈던 정운찬이 2022년 5월 『나의 스승, 나의 인생』이란 책을 발간했다. 반세기가 넘는 기간 동안 조순 전 부총리와 이어오는 사제 관계를 썼다. 제자인 정운찬은 인생의 고비마다 스승인 조순 선생이 함께해 주었기에 그는 학자로서 인간으로서 더 크게 성장하고 더 넓은 세상에서 힘껏 도약할 수 있었다고 고백하고 있다. 제자가 스승 이야기를 썼으니 스승의 보람이 얼마나 클지 짐작이 된다.

이백여 년 전 김정희와 소치 허련도 28년 동안 스승과 제자로 아름다운 사제 관계를 이어갔다. 허련은 김정희를 만나기 전 대흥사 일지암에서 수행하던 초의에게 그림을 배웠다. 1838년 초의가 평생의 벗 김정희에게 허련의 그림을 보여 주었고, 김정희는 허련의 재주를 알아보고 자기에게 보내라고 했다. 그해 허련은 김정희를 찾아가 사제 관계를 맺고 본격적으로 그림을 배웠다. 그때 김정희는 53세, 허련은 30세였다.

사제의 연을 맺고 2년이 지난 1840년 9월 추사는 제주로 유배 갔다. 5개월 후인 1841년 2월 제자 허련은 유배의 고초를 겪고 있는 김정희를 찾아가서 4개월여 동안 스승의 뒷바라지를 하면서 그림, 시, 글씨 쓰는 법을 배웠다. 1843년 윤칠월에 두 번째로 김정희 적거지에 가서는 이듬해 봄까지 있었다. 1847년 봄에 세 번째로 김정희를 찾아가 함께 지내다가 여름에 떠났다.

허련은 세 번째 김정희 적거지를 방문하여 지내는 동안 스승 추사의 초상화 〈완당 선생 해천일립상〉을 그렸다. 이 초상화 외에도 허련은 〈완당 선생 초상〉, 〈완당 김정희 초상〉 등 스승 김정희의 초상화를 그렸다. 지금처럼 흔하게 사진을 찍을 수 없는 시대였기에 김정희의 초상화는 더 귀했다. 가까운 거리에서 오랫동안 관계를 맺은 화가가 그렸으니 믿을 만하다. 제자 허련 덕분에 김정희 모습이 세상에 널리 알려지게 되었다.

〈완당 선생 해천일립상〉은 김정희가 그린 〈동파입극도〉에서 모티브를 얻어 그렸다고 전한다. 김정희는 처지가 비슷했던 소동파를 무척 좋아하여 이 그림을 그렸는데, 제자 허련은 유배 중인 스승의 모습을 그 그림에 착안하여 그린 것이다. 스승에 대한 제자의 존경과 마음 씀이 깊고 아름답다.

추사로 가는 길

운림산방 뒤에 있는 산이 첨찰산이다. 넓은 연못과 첨찰산이 산수를 이루고 그 가운데에 사람의 집이 들어서 있다. 이곳은 허련의 시서화 세계가 응축된 곳이고 그의 남종화풍이 구름처럼 펼쳐져 숲을 이루는 산실이다. 그는 적당한 때 낙향하여 본래의 길을 걸어갔다. 작지도[小] 어리석지도[痴] 않았다. 김정희가 작명해 준 소치처럼 살았고 소치에서 벗어났다.

진도 운림산방
연못 뒤의 기와집 뒤의 초가집이 소허암이다.

허련은 김정희가 북청 유배 후 과천에서 살 때인 1855년 과지초당을 방문했다. 김정희 사후 허련은 고향인 진도로 내려가 운림산방을 조성하고 머물면서 『소치실록』을 저술하였는데 이 책에 스승 이야기를 많이 기술했다. 허련은 이 책에서 "당시에 추사공은 중국에까지 그 이름을 자자하게 떨쳤고 천하가 다 아는 선비였다."고 스승의 뛰어남을 기록했다.

우리는, 학생 때 가르쳐 주셨던 선생님을 장성하여 만나도 선생님이라고 부르고 선생님은 제자라고 반가워한다. 스승의 날 즈음에는 제자

진도 운림산방 〈소허암〉 현판

추사로 가는 길

가 스승을 찾아온 것을 자랑스러워하며 SNS에 올리기도 한다. 하지만 스승이 고난을 겪을 때 제자가 고난을 함께하는 경우는 매우 드물다.

허련은 김정희로부터 '압록강 동쪽에 소치를 따를 만한 화가가 없다.'거나 '소치 그림이 내 것보다 낫다.'는 찬사를 들었다. 초의와 김정희로부터 그림과 글씨를 배운 허련은 1893년 생을 마감할 때까지 운림산방에서 허련 특유의 문기가 높은 그림을 그렸다. 운림산방 내 그가 살던 집에는 추사가 쓴 〈소허암(小許庵)〉 현판이 걸려 있다.

허련은 스승 사후에도 그를 위한 추모사업을 벌이고 묘소에도 찾아가 진한 사제의 정을 나눴다. 지금의 교육 상황이 조선 시대와는 많이 달라 일률적으로 비교하긴 어렵지만 김정희와 허련의 관계는 좀 특별했다. 제주 유배를 당한 김정희로서는 그 아득함과 외로움을 견디기 힘들었을 것이다. 그때 제자가 옆에서 함께 하며 그림도 배우고, 말동무도 해 줬으니 힘든 유배 생활을 견디는 데 큰 힘이 되었을 것이다. 김정희와 허련은 아름다운 사제 관계를 끝까지 유지했다.

추사 글씨로 더욱 빛나는 절

•

영천 은해사

은해사는 경북 영천 팔공산 자락에 있는 절이다. 절 주변에 안개가
끼고 구름이 피어날 때의 풍광이 '은빛 바다가 물결치는 듯하다.'고 해
서 '은해사(銀海寺)'라는 이름을 얻었다. 통일신라 시대인 809년 혜철
국사가 해안사로 창건했다. 조선 시대인 1546년 불교 신자였던 문정왕
후가 후원하여 현재의 자리로 옮겨 중창하고 인종의 태실을 봉하고 절
이름을 은해사로 고쳤다.

은해사에는 김정희 글씨가 많이 남아 있다. 1847년 은해사가 불타 없
어지자 주지이던 혼허 스님이 절의 중창을 시작하여 1849년에 마무리
했다. 중창 불사를 마친 혼허 스님은 평소 친분이 있던 김정희에게 현
판 글씨를 부탁했다. 그래서 은해사 김정희 글씨는 그가 1848년 제주

도 유배에서 풀려난 후 1851년 다시 북청으로 유배하러 가기 전에 써 준 것으로 보인다.

그때 써 준 글씨로 은해사 불광각의 〈불광(佛光)〉, 문루의 〈은해사 (銀海寺)〉, 대웅전의 〈대웅전(大雄殿)〉, 보화루의 〈보화루(寶華樓)〉, 노전의 〈일로향각(一爐香閣)〉 현판이 있다. 그리고 은해사 부속 암자인 백홍암에도 여러 점의 추사 글씨가 남아 있다. 보화루 안의 〈산해숭심(山海崇深)〉, 진영각의 〈시홀방장(十笏方丈)〉과 〈주련〉이 있다. 지금 이 현판 중 일부는 성보박물관에 보관되어 있다.

현판은 그 전각의 이름인데 대웅전은 석가모니불을 봉안한 불전이다. 위대한 영웅을 모신 집이다. 그래서일까 김정희는 〈대웅전〉의 글씨를 박규수가 평한 대로 '기(氣)가 오는 듯, 신이 오는 듯, 바다의 조수가 밀려드는 듯'하게 썼다.

〈불광〉에는 김정희와 관련된 일화가 전설처럼 전해온다. 당시 혼허 스님은 김정희가 써 준 불광각 현판 글씨인 〈불광〉의 '불' 자의 세로획이 너무 길다 싶어 왼쪽의 '광' 자와 수평을 맞추기 위해 세로획 아랫부분을 잘라내고 현판을 만들어 걸었다. 훗날 은해사를 찾은 김정희가 〈불광〉 현판을 보고 현판을 떼어 내고 부수어 불태워 버렸다고 한다. 은해사 스님이 김정희가 그렇게 한 이유를 알고 원본 글씨 그대로 현판에 새겨 다시 걸었다고 한다.

김정희는 왜 현판을 불태워 버렸을까. 김정희가 〈불광〉 두 글자를 쓰기 위해 버린 파지가 벽장에 가득했다고 전한다. 이런 고심 끝에 쓴

〈불광〉의 핵심은 바로 '불' 자의 긴 세로 획이었다. 그런데 작품의 핵심 획을 잘라 버리고 평범한 글씨의 현판으로 만들어 버렸으니 김정희로서는 용납하기 어려웠을 것이다. 〈불광〉 에피소드는 글자 하나를 쓰기 위해 30여 년을 기다려 쓸 정도로 글씨에 엄격했던 김정희의 정신이 어떠한 것인지를 알게 해 주는 일화다.

〈불광〉, 은해사 성보박물관 소장

〈산해숭심〉은 김정희의 대표적인 글씨 중 하나로 꼽힌다. 김정희가 24세 때 청에 가서 스승으로 삼은 옹방강이 김정희에게 보낸 편지에 나오는 글귀다. '옛것을 고찰하여 오늘을 증명하니 산처럼 높고 바다처럼 깊다.'의 뒷부분의 구절이다. 서예가이자 금석학자였던 스승 옹방강이 자

추사로 가는 길

기의 학문 태도를 격려하며 보낸 편지였으니 그 기쁨이 어떠했겠는가. 그 편지는 김정희에게 「실사구시잠(實事求是箴)」을 짓는 동기부여를 했고, 40여 년 후에 이르러서는 백흥암 현판으로 또다시 세상에 나왔다.

백흥암 보화루 안에 걸려 있는 〈산해숭심〉
복제품으로 진본은 지금 영천 은해사 성보박물관에 보관되어 있다.

또한 〈산해숭심〉의 '산해'는 '산해혜자재통왕여래(山海慧自在通王如來)'의 약칭이다. 석가모니는 10대 제자 중 다문 제일로 알려진 아난에게 미래에 산해혜자재통왕여래가 될 것이라고 수기하였다. '산해'는 '부처님의 지혜가 높고 깊은 산과 바다와 같다.'는 뜻이다.

〈산해숭심〉은 김정희가 평생의 스승으로 여겼던 스승 옹방강의 가르침을 지키고, 초의와 더불어 많은 스님과 교유하고 불교에 박학다식했던 김정희가 사찰의 현판으로 쓰기에는 안성맞춤의 글귀였다. 김정희는 그의 학문적 바탕을 이룬 옹방강에 대한 흠모와 유학자로서 불교에의 깊은 관심으로 어쩌면 이 글귀를 세상에 남겨 놓고 싶었을 것이다.

〈시홀방장〉
복제품으로 진본은 지금 영천 은해사 성보박물관에 보관되어 있다.

〈시홀방장〉은 홀(笏) 10개를 이어 놓은 사방 10척 넓이에 해당하는 1장밖에 안 되는 작은 방을 뜻한다. 그리고 유마거사가 거처하던 방이 일장사방(매우 좁은 방)이었다는 데서 유래했다는 설도 있다. 또한 선종에서는 고승대덕을 의미하기도 한다.

또한 〈주련〉은 김정희가 흠모하던 소식이 『유마경』의 내용을 인용해 지은 시구를 추사가 옮겨 쓴 것이다.

추사로 가는 길

영천 은해사 백흥암
정면에 있는 건물이 시홀방장이다. 기둥에 주련이 걸려 있다.

내가 유마거사의 방을 보니

구백만 보살을 들일 수 있고

삼만 이천 사자좌를

모두 들이고도 비좁지 않네

또한 한 발우의 음식을 나누어서도

가없는 중생 배부르게 먹일 수 있겠네

我觀維摩方丈室(아관유마방장실)

能受九百萬菩薩(능수구백만보살)

三萬二千獅子座(삼만이천사자좌)

蓋悉容受不迫迮(개실용수불박착)

又能分布一鉢飯(우능분포일발반)

饜飽十方無量泉(염포시방무량천)

　유마거사는 인도 바이샬리에서 아내와 자녀와 함께 살고 있던 불제자였다. 항상 몸과 마음을 깨끗이 하고 불교의 가르침에 통달하여 중생들을 훈도하던 사람이었다. 불교의 가르침에 해박했던 김정희는 당시 해동의 유마거사로 불렸다. 그래서인지 추사가 〈시홀방장〉 현판을 쓰고 〈주련〉을 쓸 때의 마음이 짐작된다.

　은해사는 추사 글씨의 박물관이라고 할 정도로 많은 글씨를 소장하고 있다. 서예를 필수교양으로 배웠던 조선의 양반 유학자에게 글씨는 그 사람의 정신세계를 반영한다고 해도 과언이 아니다. 특히 '문자향 서권기'를 강조하고 죽기 사흘 전까지 혼신의 힘으로 글씨를 썼던 김정희에게는 더 그렇다. 은해사 이름의 유래처럼 김정희는 '은빛 바다가 물결치는 듯'한 은해사에 많은 글씨를 남겼다.

영천 은해사 보화루

〈보화루〉 현판은 김정희가 썼다.

개심사의 문자향

●

서산 〈숙인상산황씨지묘〉

　서산 지방도에서 방향을 바꿔 개심사까지 이어지는 4km의 길은 평화롭다. 목장과 저수지가 시야에 들어오며 마음을 무장해제시킨다. 잔잔한 물결을 품은 저수지는 둥글넓적한 목장의 풀밭에 둘러싸여 있어 마음을 한껏 열어젖혀 준다. 〈상황산개심사〉 현판이 걸려 있는 일주문을 지나 조금 오르면 '개심사 입구'와 '세심동'이란 글씨가 새겨진 안내판이 앙증맞게 사람들을 맞이한다. 두 개의 안내판은 개심사의 천왕문처럼 보인다.

　개심사는 백제 말기인 654년 승려 혜감에 의해 창건되었는데 대웅전은 조선 시대에 만들어졌다. 일반적으로 대웅전에는 석가모니불을 봉안하는데 개심사 대웅전에는 아미타불이 안치되어 있다. 대웅전 좌우

추사로 가는 길

에는 무량수각과 심검당이 있다. 〈무량수각〉 현판 글씨는 추사 글씨라고 한다. 그런데 김정희가 해남 대흥사와 예산 화암사 등에 쓴 〈무량수각〉 현판 글씨체와 달라 고증이 더 필요하다. 무량수각 안에는 작은 관세음보살상이 봉안되어 있다. 이 보살상은 조선 영조 임금이 김한신과 화순옹주의 명복을 빌기 위해 봉안한 불상이라고 한다.

심검당은 스님들이 생활하며 수행하는 건물로, '참선을 통해 문수보살이 들고 있는 지혜의 칼을 찾는 집'이라는 뜻이다. 원래의 건물은 심검당 현판이 걸려 있는 오른쪽으로 정면 3칸, 측면 3칸의 건물이었으나, 왼쪽에 지붕이 살짝 낮은 건물을 덧붙여서 규모를 늘렸다. 맞배지붕의 건물로 기단석 위에 자연석 초석을 놓고 그 위에 배흘림이 가미된 기둥을 세워 자연미를 잘 나타냈다. 영주 부석사의 배흘림기둥에 서 있을 때 볼 수 있는 전망은 없지만 개심사 심검당 배흘림기둥에 서 있으면 대웅전, 무량수각, 안양루와 함께 만들어 내는 단아한 사각 공간이 마음을 푸근하게 만들어 준다.

안양루는 영주 부석사 안양루와 같이 불이문이다. 개심사 해탈문은 안양루에 덧대어 만들었다. 해탈문이 불이문인 셈이다. 불이문은 수미산 정상의 불국토에 오르는 마지막 문을 상징한다. 안양루 기둥에는 12개의 주련이 걸려 있다. 안양루 현판이 걸려 있는 쪽에 있는 6개의 주련은 다음과 같다.

흰 구름과 흘러가는 개울가에 두세 집안 옹기종기

향기로운 풀과 복사꽃이 사오리에 피어 있고

오악의 높은 봉우리는 강물이 기세로다

윤회하는 생애에는 파란이 많도다

봄바람 불어올 때 벼루를 씻어 계첩을 대하고

비오는 밤엔 향 피우고 도연명의 시를 읽는다

白雲流水兩三家(백운유수양삼가)

芳草桃花四五里(방초도화사오리)

五嶽圭稜河氣勢(오악규릉하기세)

六經根柢史波瀾(육경근저사파란)

洗硯春波臨褉帖(세연춘파임계첩)

焚香夜雨和陶詩(분향야우화도시)

　　대웅전에 오르기 전에 직사각형 모양의 연못이 있는데 그 가운데에 나무다리가 있다. 이 다리를 건너면 안양루 옆에 이어 만든 해탈문을 통해 대웅전 앞마당에 이른다. 이 연못은 이 언덕에서 깨달음의 저 언덕으로 건너가는 강을 연상시킨다. 나무다리는 강을 건널 때 사용하는 뗏목에 비유된다. 그래서 이 나무다리를 건너 중심 건물인 대웅전으로 가는 길이 중심 통로다.

　　해탈문으로 들어가기 전에 오른쪽으로 난 길을 따라 조금 가서 다시 오른쪽 언덕으로 오르면 김정희가 묘표를 쓴 〈숙인상산황씨지묘〉 비

　　　　　　　　　　　　　　　　　추사로 가는 길

서산 〈숙인상산황씨지묘〉

가 있다. 이 묘비의 주인공은 김정희의 11대조 김양수의 부인으로, 개심사 중창에 큰 도움을 준 상산 황씨의 묘다. 묘비의 뒷면에는 상산 황씨와 관련된 경주 김씨 가문 내용이 음각되어 있다. 묘비 오른쪽에는 남편 김양수 묘비가 있다.

　서산 음암면에 집성촌을 이루고 살던 경주 김씨 문중은 16세기 이후

개심사의 중창에 재정 지원을 많이 하면서 원찰로 삼았다. 이런 인연으로 김양수와 그의 부인 상산 황씨 묘가 개심사 바로 옆에 있게 되었다. 그리고 11대 후손 김정희가 황씨 할머니 묘표를 쓰게 됐다. 묘표의 글씨는 김정희가 쓴 완주 〈정부인광산김씨지묘〉의 묘표 글씨와 닮은 듯 다르다. 한참 글씨를 보며 김정희가 글씨를 쓰던 모습을 연상해 보았다.

남도에서 흐드러지게 피기 시작하여 서산의 곳곳에까지 피던 벚꽃이 다 지고 나면 개심사에는 왕벚꽃이 피어난다. 전국에서 개심사 왕벚꽃을 보러 오는 사람들로 개심사 들어오는 십 리 길은 주차장으로 변한다. 화려한 벚꽃에 취해 마음이 들떠 있을 때 심검당의 배흘림기둥에 서서 대웅전, 무량수각, 안양루를 평안하게 바라보는 것도 좋겠다. 그 마음으로 〈숙인상산황씨지묘〉를 보면 벚꽃 향기와 함께 문자향까지 맡을 수 있어 금상첨화다. 벚꽃 피는 봄이 벌써 기다려진다.

서산 개심사 〈무량수각〉
건물 안에 관세음보살상이 봉안되어 있다.

단풍 든 산속에 살고 싶네

•

예산 이남규 고택 〈홍엽산거〉

국도를 타고 천안에서 홍성을 가다가 예산 근방에 이르면 '수당 이남규 선생 고택'이란 표지판이 나온다. '언젠가 한번 가 봐야지.' 하고 숙제처럼 남아 있던 곳이다. 해묵은 숙제를 풀기 위해 그곳에 갔다.

수당 이남규 고택은 그의 본가이고, 낙향하여 살다가 생애 마지막 순간에 함께한 곳이다. 북인의 영수로 영의정을 지낸 이산해의 손자 이구의 부인 전주 이씨가 1637년(인조 15년) 이산해 묘소 근처에 지은 집이다. (이구는 24세 때인 1609년에 죽었다.) 고택은 문간채, 안채, 사랑채로 되어 있다. 문간채 대문은 휜 나무를 잘 사용하여 아래턱은 낮고, 위턱은 높아 솟을대문처럼 보인다. 문간채 앞면은 황토벽에 냇돌을 박아 만들었다. 문간채를 들어가면 안채가 있다. 안채 옆으로 낸 작은 문

예산 이남규 고택 사랑채인 평원정

을 나가면 사랑채가 나온다.

사랑채 중앙에는 〈평원정(平遠停)〉 편액이 붙어 있다. 평원정 동서쪽의 방 입구에는 〈청좌산거(青左山居)〉, 〈홍엽산거(紅葉山居)〉라는 편액이 걸려 있다. '평원'은 중국 북송 시대의 화가인 곽희의 『임천고치』 '산수훈'에 나오는 말로, 가까운 산에서 먼 산을 바라보는 수평의 원경처럼 평안하고 화락하고 넓게 되기를 바라는 소망을 담았다.

'단풍이 든 산속에 살고 싶다.'라는 의미의 〈홍엽산거〉는 김정희가 썼다. 강릉 선교장에 써 붙였다는 글씨체와 많이 닮았다. 청좌산거는 '푸름이 가득한 산속에 살고 싶다.'는 뜻일 게다. 두 문장을 합쳐 읽으면 '동쪽에 해가 뜨니 푸르름이 느껴지고, 서쪽으로 해가 지니 단풍이 든

다.'는 뜻이라고 한다. 우주 삼라만상의 이치를 알리는 곳이라는 의미
쯤 될 듯하다.

〈홍엽산거〉

홍엽은 곧 단풍이다. 나뭇잎은 봄에 연초록의 새순으로 세상에 생명
의 생동감을 느끼게 해 주고 여름에 무성한 숲으로 극성기를 보내더니
가을에 되어 단풍으로 아름다움의 절정을 누린다. 도종환은 시 「단풍
드는 날」에서 "제 삶의 이유였던 것/ 제 몸의 전부였던 것/ 아낌없이 버
리기로 하면서/ 나무는 생의 절정에 선다."고 단풍을 노래했다. 김정희
가 〈홍엽산거〉를 쓴 것은 이젠 단풍처럼 버리기로 하면서 살겠다는 의
지를 나타낸 것이 아닐까 싶다. 무엇을 버린단 말인가. 아마도 소유와

집착을 버리고 비움의 삶을 살겠다는 뜻이 아닐까.

〈홍엽산거〉의 글씨를 보면 '산' 자를 위로 올려 작게 쓰면서 넓은 공간을 만들었다. 홍엽으로 가득한 산이 텅 빈 채로 있는 것처럼 비워 놓았다. '居' 자의 '尸'는 실제와 반대로 써서 '業' 자와 함께 넓은 공간을 평안하게 만들어 놓았다. 그곳은 김정희에게 텅 빈 충만의 공간이었을 것이다. 이런 곳에서 살고 싶다는 바람을 표현하였다. 이런 의미라면 이 글씨는 김정희가 만년에 이르러 쓴 것이 아닐까 싶다.

이구의 10대손인 이남규는 문과에 합격하여 관직에 오른 뒤 일제가 명성황후시해사건을 일으키자 벼슬을 내려놓고 왜적을 물리칠 것과 척신의 머리를 베라는 상소를 올렸다. 고택이 있는 고향으로 낙향한 후 1905년 을사늑약이 체결되자 항일 의병에 참여했다. 1906년 홍주의병에서 선봉장으로 활약했으나 홍주성에는 입성하지 못했다.

홍주의병이 패한 뒤 홍주 탈환 작전을 계획했지만, 사전에 누설되어 고택에서 일본군에 의해 체포되었다. 이때 일본군이 사랑채 평원정을 에워싸고 오랏줄로 묶어 이남규를 압송하려 하자 '선비는 죽이기는 해도 욕보일 수는 없다.'라는 말을 외치며 스스로 가마에 올라 집을 나섰다. 서울로 압송되던 중 아산군 송악면 평촌리 냇가에 이르렀을 때 일본군이 고위 관직을 제시하며 회유하자, 이를 단호히 거부하여 일본군의 칼을 맞고 순국했다.

평원정을 지으면서 집안이 화평하고 아득하게 넓어지기를 소원했던 숙부인은 아버지 없는 4살짜리 아들을 가르쳐 진사를 만들고, 5살짜리 손자를 길러 현감으로 세상에 내보냈다고 한다. 그러나 남편 이구와 아들, 장손까지 3대가 일찍 세상을 떴고, 시조부가 영수 역할을 했던 북인의 시대가 끝나고 서인이 득세하는 등 평안하지 못한 시대를 헤쳐 나가야 했다.

높은 원경, 깊은 원경이 아닌 수평 원경을 편액으로 걸었으니, 그 집에 살던 후손들이 그 말을 명심하고 체득했을 것이다. 비록 벼슬이 높지 못했지만, 그 뜻이 아득하고 넓었으니, '평원정'이란 이름값을 제대로 한 셈이다. 비록 화락과 평안과는 좀 거리가 있는 듯해도 이남규와 그의 자손들의 대의를 위한 행보는 넓고 아득했다.

추사로 가는 길

다산을 보배롭게 하는 집

●

강진 다산초당 〈보정산방〉

다산초당을 가는 길은 왠지 뿌듯하다. 우리도 이런 학자가 있다는 자부심이랄까, 그런 거 아닐까. 입구에서 초당으로 오르는데 뭔가 발길에 툭툭 걸렸다. 뭐지? 발아래를 보니 길옆에 서 있는 나무들의 뿌리가 지상에 몸을 드러내고 있었다. 시인 정호승은 「뿌리의 길」이라는 시에서 "다산초당으로 올라가는 산길/ 지상에 드러낸 소나무의 뿌리를/ 무심코 힘껏 밟고 가다가 알았다/ (중략) 다산이 초당에 홀로 앉아/ 모든 길의 뿌리가 된다는 것을 (후략)"이라고 표현했다.

정약용은 1801년 신유박해 때 포항에 유배되었다가 황사영백서사건에 연루된 혐의를 받아 다시 강진으로 유배되었다. 강진으로 유배된 정약용은 강진읍 동문 밖 주막과 고성사의 보은산방, 제자 이학래의 집 등에서 살다가 1808년 봄에 다산초당으로 옮겨 유배가 풀리던 1818년까지 11년간 머물렀다. 다산초당으로 옮기게 된 데는 외가 쪽 해남 윤씨의 도움이 있었다.

1808년 봄 정약용은 강진군 도암면 귤동 뒷산에 있는 윤단의 산정인 다산서옥에 놀러 갔다가 마음을 빼앗겼다. 정약용은 시를 지어 이곳에 머물고 싶은 마음을 해남 윤씨 집안에 전했고 윤씨 일가가 흔쾌히 허락했다. 정약용은 이곳에 초가집을 짓고 '다산초당'으로 이름을 붙였다.

정약용은 강진 유배 초기에 대역죄인이었기 때문에 주막집과 글을 가르친 제자 집 등으로 떠돌며 마음고생을 했다. 드디어 다산초당으로 거처를 옮기면서 강진으로 유배된 지 7년 만에 마음의 안정을 찾으면

강진 다산초당

추사로 가는 길

서 제자를 가르치고 글 읽기와 집필에 몰두하여 많은 저서를 남겼다. 현판에 판각된 〈다산초당〉이란 글씨는 추사 김정희의 글씨를 집자해서 모각한 것이다. 1957년 다산유적보존회가 허물어진 초가를 치우고 지금의 모습인 기와집으로 복원했다. 조만간 짚을 덮은 본래의 초당으로 복원될 예정이라고 한다. 본래의 모습을 찾게 되다니 다행이다.

정약용은 강진에서 유배 생활을 하는 동안 이강회, 이청 등 많은 제자를 가르쳤다. 제자 중 18인은 정약용이 유배에서 풀려나 남양주로 돌아가자 다신계를 조직해 평생 차를 만들어 스승께 보냈다. 이 차는 금릉다산향이라는 이름으로 전해졌다. 이들 중 정약용의 첫 제자이며 가장 인간적인 관계를 맺은 사람이 황상이었다.

자신감이 없던 황상은 정약용이 직접 써 준 면학문을 종이가 해질 때까지 평생 간직했다. "기억력, 글 짓는 능력, 이해력이 없다고 실망하지 말거라. 마음가짐을 확고히 갖고 근면하게 공부하면 된다." 스승의 가르침대로 근면하고 공부하며 시를 지었던 그는 60여 년 뒤 스승의 말에 벗어나지 않은 삶을 살았다고 회고하며 감사하는 글 「임술기」를 썼다.

다산초당에 함께 오르던 모녀에게 물었다.

"힘드신데 왜 다산초당에 가세요?"
"더 늦기 전에 가 봐야 할 것 같아서요."

그 모녀에게 다산초당은 꼭 가 봐야 하는 곳이었다. '수원 화성 축조 때 사용된 거중기를 설계하고 신유박해로 강진으로 유배 가서 오백여 권을 저술하여 실학을 집대성한 사람', 정약용은 하나의 문화가 되었다.

다산초당 연지석가산 오른쪽에 있는 동암은 다산이 저술에 필요한 2천여 권의 책을 갖추고 기거하며 손님을 맞았던 곳이었다. 정약용은 대부분 시간을 이곳에 머물며 집필에 몰두했다. 불후의 작품『목민심서』도 이곳에서 완성했다. 동암은 대역죄인 정약용이 위인으로 거듭나는 곳이었다.

동암에서 정약용은 집필하고, 제자들은 스승 정약용의 말에 따라 자료를 수집하고 정리, 정서, 편집 등의 작업에 참여했다. 사대부 유학자가 꿈꾸는 이상적인 세계를 그리는 스승과 제자들의 모습이 그려진다. 동암은 조선 후기 유학과 실학이 용해되는 거대한 용광로였다.

동암에는 현판이 두 개 걸려 있는데 그중 〈보정산방(寶丁山房)〉은 추사 김정희의 친필이고, 또 하나인 〈다산동암(茶山東庵)〉은 정약용의 글씨를 집자한 것이다. 〈보정산방〉은 '정약용을 보배롭게 생각하는 집'이라는 뜻이다. 예서체 글씨로 썼다. '산' 자는 〈계산무진〉에서와 같이 작게 써서 위에 배치하여 아랫부분에 공간을 만들었다. 김정희는 스승 옹방강을 보배롭게 하는 집이라는 '보담재'라는 아호를 썼듯이 정약용에 대한 존경의 마음을 담아 이 글씨를 썼다. 뜻도 글씨도 향기롭고 아름답다.

추사로 가는 길

〈보정산방〉

심훈가에 보낸 덕담

•

예산 추사기념관 〈청련시경〉

　'김정희 = 추사 = 추사체'는 자동으로 연상되는 이미지다. 추사체 없는 추사는 없다. 그런데 추사체의 서법과 특징은 무엇일까. 글씨에 문외한인 나로서는 딱히 뭐라고 말하기가 어렵다. 서예 전문가들의 글을 읽어도 아리송하긴 마찬가지다. 일단은 추사의 글씨를 많이 보는 수밖에 없다. 그것도 진품으로 보면 느낌이 다를 것이다. 예산 추사기념관에서 추사 글씨로 새긴 〈청련시경(靑蓮詩境)〉 현판을 보았다.

　'청련(靑蓮)'은 당나라 시인 이백의 호를 뜻하고 '시경'은 시를 지을 만큼 감흥을 불러일으키는 좋은 장소를 말한다. 청련과 시경이 결합하였으니 시성으로 추앙받는 이백이 시를 지을 만한 감흥을 주는 장소란 의미다. 그런 곳이 어디일까.

〈청련시경〉은 김정희가 『상록수』의 작가 심훈의 조상에게 집안에 이백을 상징할 만한 문장가가 나올 것을 예견해 선물한 것이라고 한다. 심훈 가문은 선물로 받은 추사의 글씨를 대형 목판에 새겨 현판으로 걸어 놓았다. 뒤틀림을 방지하기 위해 두 개의 나무판을 상하로 이어 붙여서 제작했다. 심훈이 1935년 『상록수』 소설을 지어 이름을 남겼으니 김정희의 글씨가 효험이 있었던 것일까.

김정희가 이 글씨를 쓴 정확한 시기는 모르나 추사체가 무르익은 만년의 글씨라고 한다. 솔진, 완당, 김정희인 세 개의 낙관을 글씨 좌우에 찍었다. 솔진은 '성실하여 거짓이 없다.'는 뜻이고, 완당은 추사가 스승으로 삼은 청나라 학자 완원을 존경해 지은 당호다. 김정희인은 추사의 성명인이다.

공자는 "시 삼백 편을 한마디로 표현하면 '생각에 사악함이 없다.'"(『논어』 위정편 제2장)라고 했다. 『시경』의 시는 대부분 중국 주나라 때 각 지방에서 유행하던 민요였다. 사악함이 없다는 건 마음 밭에서 피어난 시상이 맑고 순수하다는 것이다. 그래서 추사는 '솔진'이란 낙관을 찍었는지도 모른다.

추사기념관에서 김정희의 솔진과 완당 낙관 2종을 담은 도자기 찻잔을 새로운 관광 상품으로 출시했다. 이 찻잔으로 차를 마실 때 이백이나 김정희처럼 시 한 편 짓거나 낭송하는 멋을 부려도 좋겠다. 다선일미의 경지까지는 아니더라도 마음이 맑아지지 않겠는가. 마음이 맑아져 시를 쓰기도 하지만 시를 쓰거나 낭송하면서도 마음이 맑아지기 때문이다.

　심훈가 종손 심천보는 170여 년 동안 가문이 소장해 왔던 〈청련시
경〉 현판을 2019년 예산군에 기증했다. 국보와 보물 등을 포함한 많은
문화재와 미술품을 기증한 고 이건희 회장에 비할 바는 못 되지만 가문
의 유산을 기증한 심천보의 품이 넓다. 그 덕분에 지금 예산 추사기념
관에서 김정희의 글씨를 오랫동안 서서 볼 수 있게 되었다. 얼마나 고
맙고 다행한 일인가. 김정희는 심훈가에 준 큰 덕담을 글씨로 남겼고,
심훈가는 그 글씨를 세상에 내놓았다. 글씨로 맺어진 아름다운 모습이
다.

〈청련시경〉, 예산 추사기념관 소장

금석학을 중요하게 생각하는 집

•

전주 학인당 〈길금정석재〉

　김정희가 쓴 〈길금정석재〉가 있는 전주 한옥마을에 있는 학인당을 찾았다. 이 집을 지은 백낙중은 효자로 이름났고, 학인당 이름은 그의 호인 인재에서 인자를 따 학인당이라 지었다고 한다. '인재 백낙중의 후덕함과 효심을 배우는 집'이라는 뜻일 듯싶다.

　학인당은 추사 고택처럼 아무 제약 없이 볼 수 있을 거라 생각하고 갔다. 그런데 문이 굳게 닫혀 있었다. 그제서야 전화를 하니 예약제 체험 형태로 운영하니 오늘은 학인당을 볼 수 없다고 했다. 멀리서 왔다고 사정을 말해 보았지만 소용이 없었다. 할 수 없이 느긋하게 한옥마을을 산책하고 다시 학인당 입구까지 왔다. 그런데 문이 빼꼼히 열려 있어 안을 들어가니 주인이 있었다. 사정을 간곡하게 말하자 어렵게 관람을 할 수 있도록 배려해 주었다.

학인당은 전주의 만석군으로 승훈랑 영릉참봉에 임명된 백낙중이 고종황제의 건축 허가를 받아 1905년 장남 백남혁이 태어난 걸 기념해 짓기 시작하여 2년 8개월이 지나 1908년 완성하였다. 2,000여 평의 땅에 연인원 4,280여 명과 공사비 백미 4천 석을 들여 개량형 한옥으로 지었다고 한다. 또한 석회를 사용해 기초를 다지고 벽돌을 사용해 수맥으로 지반이 약한 한옥의 단점을 보완했다.

집을 지을 때 고종이 경복궁 중건에 협력한 백낙중 가문의 노고를 배려하여 궁궐의 목수를 보냈다고 한다. 궁궐에서만 허용되었던 호박 주춧돌과 두리기둥으로 지어진 99칸 집이었다. 두리기둥은 원형 기둥인

전주 학인당

추사로 가는 길

데 궁궐이나 절에서만 가능했다. 양반가도 사각기둥만 사용해야 한다는 제약이 있었는데 학인당은 그것을 벗어나 지은 집이었다. 그래서 궁중 건축 양식이 민간 상류층 가옥에 도입된 구조로 되어 있는 대형 한옥이었다.

학인당은 착공 당시 국악과 소리에 조예가 깊은 백낙중이 소리 공연을 염두에 두고 지었다. 그래서 본채는 판소리 공연장으로 사용하기 위해 7개의 들보를 사용한 칠량가구(七樑架構)로 2층 높이에 가까운 높은 천장을 만들고 전면은 모두 창을 냈다. 또한 100여 명의 청중이 모여 판소리 공연을 관람할 수 있도록 보통 한옥 3채의 크기인 35칸 집으로 대청을 중심으로 좌우 세 개의 방문을 들어 올리거나 철거하는 방식의 넓은 실내 공간이 있는 구조로 지었다. 임방울, 박초월, 김소희 등의 명창이 이곳에서 판소리 공연을 했다.

지금 학인당 곳곳에는 유명 서예가들의 글씨가 많이 걸려 있다. 학인당 현판은 효산 이광열이 썼다. 백낙중 아들 백남혁이 이광열을 사사한 인연인 듯했다. 해방 이후에 본채는 백범 김구, 해공 신익희 등 정부 요인들의 영빈관으로 사용되기도 했다. 일제강점기 때는 독립운동자금을 보냈고, 6·25 전쟁 때는 인민군 사령부가 있었던 곳이었던 학인당은 점차 가세가 기우는 등의 이유로 행랑채와 안채를 매각했다. 그래서 '아들에게 만석군의 재산보다는 수백 년을 갈 집을 선물한 아버지의 속 깊은 사랑이 담긴' 학인당은 이제 본채, 사랑채, 별당채, 식당채 등 6채만 남아 있다.

종부 서화순 선생의 안내로 본채 구석구석을 자세히 관람했다. 마지막으로 굳게 닫혔던 다락방을 관람했는데 다락방으로 올라가는 계단 옆에 〈길금정석재(吉金貞石齋)〉 현판이 걸려 있었다. 바로 눈앞에서 추사 글씨를 보는 순간 전율이 일어나며 계단에서 움직일 수 없었다. 본채에 걸려 있을 때 받은 햇빛, 바람 등과 탑본을 뜬 영향으로 현판은 낡고 빛이 바래 있었다. 글씨 일부는 금방이라도 떨어져 나갈 듯 현판에 몸을 의지하고 있었다.

길금정석재는 '금석학을 중요하게 생각하는 집'이란 뜻이다. 이 현판은 추사가 19세기 중엽에 쓴 것으로 학인당 본채 동쪽 처마 밑에 걸려 있었다. 그런데 2006년 10월에 도난당했다가 2009년 5월에 다시 찾는

〈길금정석재〉, 학인당 소장
학인당에 걸려 있었는데 도난을 당했다. 다시 찾은 후 다락방에 보관하고 있다.

추사로 가는 길

등 수난을 겪기도 했다. 도난을 당했을 때 그 사실이 언론이 보도되면서 매매가 어려워지자 범인이 학인당 인근에 다시 가져다 놓은 것이 아니었을까 싶다.

600여 채의 한옥이 자리 잡은 전주 한옥마을에서 으뜸으로 꼽히는 학인당은 시간을 내어 예약하고 건물의 내력과 구조 등을 보는 곳이다. 관람의 백미는 마지막에 추사 글씨를 보는 것이다. 명필의 아이콘으로 수많은 스토리를 남긴 추사 글씨는 〈길금정석재〉에서도 집을 나갔다가 돌아오는 이야기를 남겼다. 그래서 그 현판은 지금 다락방에 꼭꼭 숨겨져 있다. 보고 싶다고 쉽게 볼 수 있는 글씨가 아니었다. 그 글씨를 보는 것은 루브르 박물관에서 〈모나리자〉를 보는 것과 같다. 어렵게 그리고 운 좋게 종부의 친절하고 자세한 안내로 그 현판을 보았으니 오랫동안 〈길금정석재〉가 기억될 것 같다.

금석에 취하다

●

서산 〈취석〉

　서산 음암면에 있는 한다리 마을을 찾아가는 마음이 설　다. 나의 고향 금마면에도 한다리 마을(대교리)이 있기 때문이다. 또한 그곳은 영조의 계비 정순왕후가 태어난 곳이자 특히 추사 글씨가 있기 때문이다. 붓글씨를 쓰면서 한다리와 인연이 된 것이다. 이렇듯 어떤 곳이 마음 설레게 하는 것은 좋은 인연으로 이어져 있을 때다.

　서산시 음암면 유계리 한다리 마을은 16세기 중반부터 안주목사를 지낸 김연을 입향조로 한 경주 김씨 가문의 사람들이 모여 살았던 곳이다. 김정희의 고조부인 김흥경이 영의정에 오르는 등 서산 한다리 경주 김씨 가문은 정순왕후, 영조의 부마 월성위 감한신, 김정희 같은 인물들과 수십 명의 정승 판서를 배출한 명문세가였다.

이 마을 냇가에 대교(大橋, 한다리)라는 큰 다리가 놓여있어 마을 이름도 한다리 마을로 불리게 되었다. 개심사에서 흘러나온 대교천은 이곳을 지나 천수만으로 빠져나간다. 이곳은 1416년 2월 8일과 16일 충녕대군(후에 세종이 됨)을 대동한 태종의 어가행렬이 통과한 곳이기도 하다. 태종은 서산, 태안 일대에서 약 일주일 동안 머물면서 덕산에 있던 충청병마절도사영을 해미로 옮길 것을 명하여 지금의 해미읍성이 축성되었다.

지금 이곳에는 계암 고택과 정순왕후 생가가 나란히 이웃하여 경주 김씨 고택으로 잘 보존되어 있다. 계암 고택(김기현 가옥)은 건축 연대에 대한 정확한 기록은 없으나 건축 양식으로 볼 때 19세기 중반에 지어진 것으로 추정하고 있다. 대문을 들어서면 정면에 〈계암당(溪巖黨)〉 현판이 걸려 있는 사랑채가 있고 좌우에 각각 행랑채와 별채가 있다. 별채 옆에는 〈홍도촌사(紅稻村舍)〉 현판이 있는 초당이 있다. 홍도촌사는 '붉은 벼가 있는 시골집'으로 '사랑이 있는 또는 서로를 그리는 집'의 뜻이다.

영조의 두 번째 왕비인 정순왕후가 태어난 생가는 경주 김씨 가문의 사람들이 16대를 이어 살아온 집이다. 조선 시대 효종이 신하 김홍욱이 나이 많은 아버지 김적을 봉양하고 있다는 효심에 감동하여 하사했다고 한다. 정순왕후는 이 집에서 김한구의 첫째 딸로 태어났다. 태어날 당시 마을 사람들은 집 주변에 상서로운 기운이 맴돌고 아름다운 새들이 날아들어 '장차 큰 인물이 될 징조'라면서 기뻐하였다고 한다. 집의 구조는 안채와 사랑채가 'ㅁ' 자형을 갖춘 구조다.

정순왕후 생가에서 1km 정도 떨어진 곳에 김정희가 쓴 〈취석(醉石)〉 암각 글씨가 있다. 정순왕후 생가에서 일하던 후손에게 물어보니 앞에 있는 조그만 동산 뒤편에 있다고 알려 주었다. 하지만 그곳을 가 보았지만 찾지 못했다. 다시 와서 그분을 모시고 가서 〈취석〉을 찾았다. 대나무숲에 가려서 보이지 않았던 것이다. 숨은 보물을 찾은 기분이었다.

김정희는 경주 김씨 가문의 한다리 마을에 〈취석(醉石)〉 암각 글씨를 남겨 놓았다. 취석은 '마음이 돌에 빠졌다.'는 뜻으로 볼 수 있다.

〈취석〉

추사로 가는 길

〈취석〉은 깨진 비석 찾기를 좋아한 금석학자 김정희가 본인의 이름을 써 놓은 것인지도 모른다. 정약용이 다산초당에 새겨 놓은 〈정석(丁石)〉이 떠오른다. 김정희의 〈취석〉 암각 글씨는 사람들이 이곳을 계속 찾고 기억하게 하고 있다. 나도 그중의 한 사람으로 김정희와 인연이 닿아 이곳까지 오게 되었고, 가문 후손의 친절한 안내로 글씨를 보게 되는 행운을 누렸다.

김용준은 『근원수필』 '추사(秋史) 글씨'에서 이렇게 평했다.

"과연 위대한 건 추사의 글씨다. 쌀이며 나무 옷감 같은 생활필수품 값이 올라가면 소위 서화니 골동이니 하는 사치품값은 여지없이 떨어지는 법인데, 요새같이 책사(册肆 서점)에까지 고객이 딱 끊어졌다는 세월에도 추사 글씨 값만은 한없이 올라간다. 추사 글씨는 확실히 그만한 가치를 가지고 있다. 하필 추사의 글씨가 제가의 법을 모아 따로이 한 경지를 갖추어서, 우는 듯 웃는 듯, 춤추는 듯 성낸 듯, 세찬 듯 부드러운 듯, 천변만화의 조화가 숨어 있다는 걸 알아서 맛이 아니라, 시인의 방에 걸면 그의 시경이 높아 보이고, 화가의 방에 걸면 그가 고고한 화가 같고, 문학자, 철학가, 과학자 누구누구 할 것 없이 갖다 거는 대로 제법 그 방 주인이 그럴듯해 보인다. 그래서 그런지 상점에 걸면 그 상인이 청고한 선비 같을 뿐 아니라 그 안에 있는 상품까지도 돈 안받고 거저 줄 것들만 같아 보인다. 근년래에 일약 벼락부자가 된 사람들과 높은 자리를 차지한 분들 중에도 얼굴이 탁 틔고 점잖은 것을 보면 필시 그들의 사랑에는 추사의 진적이 구석구석에 호화로운 장배(裝背, 배접)로 붙어 있을 것이리라."

수필 마지막에 김용준은 "추사 글씨란 아무튼 대단한 것인가 보다."라고 끝을 맺었다.

〈사야〉, 인영선 필, 개인 소장
협서에는 "내가 이 글귀를 써 본 지는 이미 수십 번이나 매번 흡족하지 않았다.
그래서 다시 써 보아도 이 모양 이 꼴이다.
이 글씨를 본 분들의 올바른 가르침을 기다릴 뿐이다."라고 썼다.

우리나라의 내로라하는 서예가들은 추사 글씨에 대해 한마디씩 평을 했다. 그러면서 그 넘을 수 없는 산에 대한 동경과 절망도 함께 느꼈을 것이다. 취묵헌 인영선 선생은 20대 시절 추사 글씨 〈사야(史野)〉를 보고 가장 이상적인 글씨로 삼고 닮고 싶어 정진하였으나 "내가 이 글귀를 써 본 지는 이미 수십 번이나 매번 흡족하지 않았다."고 고백했다. 이렇듯 추사 글씨는 글씨를 쓰는 사람들에게 닮고 싶은 이상향이었다.

나는 붓글씨를 좋아하였으나 직접 붓을 잡고 전문 서예가에게 배우기 시작한 것은 1년이 채 되지 않는다. 나이가 김정희 만년의 시절에 도달하였으니 평생을 쓴다고 해도 언감생심 추사 글씨의 근처에도 가지 못할 것이다. 그래도 김정희에 대해 알고 싶은 마음은 간절하여 김정희와 관련된 곳들을 찾아다니며 김정희의 마음과 삶을 이해하려고 했다. 글씨에 대한 평은 감히 할 수 있는 수준은 되지 못하나 김정희의 삶이 어떤 방향으로 나아가려 했는지는 어렴풋이 알게 되었다. '문자향 서권기'를 바탕에 깔고 고금의 서체를 섭렵하여 '자신만의 서체를 창안한 법고창신의 경지'에까지 도달한 추사 글씨는 과연 김용준의 평대로 위대하였다.

유홍준의 『완당평전』을 읽을 때 김정희에 대한 막연한 동경을 갖고 있었다면, 한승원의 『추사』를 읽을 때는 김정희를 제대로 알고 싶은 마음을 일으켰다. 추사를 알기 위해 떠나는 여정에 길잡이 역할은 최열의 『추사 김정희 평전』이 해주었다. 그리고 이상국의 『추사에 미치다』, 최준호의 『추사, 명호처럼 살다』, 양진건의 『제주 유배길에서 추사를 만나다』, 임병목의 『추사순례』를 읽고는 김정희에 대해 아는 것이 너무 얕고 내 열정이 부족함을 알게 되었다. 이런 전문가들의 책의 도움이 없었더라면 서예를 막 배우기 시작한 아마추어가 감히 엄두도 내지 못했을 것이다.

김정희 생애를 읽고 관련 유적지를 찾아가는 것은 오르지 못할 산을 걸어 올라가는 마음이었다. 그러나 그 여정은 크나큰 즐거움이 함께했다. 비록 그 산에 오를 수는 없어도 김정희를 조금이나마 알게 되었다는 자부심은 갖게 되었다. 김정희 흔적이 짙게 남아 있는 곳이나 글씨와 관련된 유적지를 가서 본 것은 김정희를 넘어선 추사였다. 그는 김정희에서 추사로 다시 태어난 거인이었다.

참고한 책

박동춘, 『추사와 초의』, 이른아침, 2014.

양진건, 『제주 유배길에서 추사를 만나다』, 푸른역사, 2011.

유홍준, 『완당평전』, 학고재, 2002.

유홍준, 『추사 김정희』, 창비, 2018.

이상국, 『추사에 미치다』, 푸른역사, 2008.

임병목, 『추사순례』, 눌목, 2021.

최열, 『추사 김정희 평전』, 돌베개, 2021.

최준호, 『추사, 명호처럼 살다』, 아미재, 2012.

한승원, 『추사』 1·2, 열림원, 2007.

「불광」, 불광출판사, 2021. 8.

「불광」, 불광출판사, 2022. 12.